Controla *Mejor* Tu Destino Dominando Qi Men Dun Jia

(奇门遁甲)

Calvin Yap

Copyright © 2016 by Calvin Yap
All rights reserved worldwide.
First Edition 2016

Alguna información contenida en este libro fue obtenida de Internet. El reconocimiento se da a los autores y/o creadores de Wikipedia, Astrodatabank y Google en general. Cualquier omission de reconocimiento no es intencional. Por favor informa al autor de manera que dicho conocimiento pueda ser incluido en la próxima edición. Todos los otros derechos de propiedad intelectuales contenidos o en relación a este libro, pertenecen a Calvin Yap.

Ninguna parte de este libro puede ser copiada, usada, reproducida o transmitida en ninguna forma o por ningún medio gráfico, electrónico o mecánico, incluyendo fotocopiado, grabación o cualquier almacenaje de información o sistema de recuperación, sin el permiso por escrito del autor.

Los autores pueden ser contactados en:

Email: Calvin Yap (calvin_yap@yahoo.com)

Website: http://www.fengshui-hacks.com/

Editado por: Jo Lim Yong Chin (jorryn_lim@yahoo.com.sg)

Diseño de Portada: Jo Lim Yong Chin

Traducido por: Laura Delgado González

Advertencia y Aviso Legal

La información en este libro se basa en el conocimiento y experiencia personal del autor. Se presenta con propósitos educativos para ayudar al lector a expandir su conocimiento en Metafísica China. Las técnicas y prácticas no deben ser usadas sin ninguna capacitación apropiada. El autor no es responsible de ninguna manera por cualquier pérdida o daño causado o alegado que sea causado directa o indirectamente por usar la información contenida en este libro.

El autor proporciona aprendizaje a distancia y cursos in situ para quienes estén dispuestos a aprender. Por favor contacte al autor para un acuerdo.

Dedicación y Reconocimiento

Para mi familia:

> A mi esposa Lucy y mis 2 hijas: Denise y Sherry por su comprensión y apoyo.

A mi estudiante Jo Lim:

> Por su ayuda en la edición y su toque mágico final.

Contenido

Dedicación y Reconocimiento 3

Introducción al Qi Men Dun Jia 14

    Jiāng Zǐyá 16

    Zhāng Liáng (Han Occidental) 16

    Liu Bowen 18

    ¿Qué es 奇门遁甲 (Qí Mén Dùn Jiǎ)? 19

    Cinco Elementos 20

    天盘 (Placa del Cielo - Tiān Pán) 38

    地盘 (Placa de la Tierra - Dì Pán) 40

    人盘 (Placa del Hombre - Rén Pán) 41

    La imagen completa del mapa Qi Men 43

        伏吟 Mapa (Fú Yín) 43

    空 (Vacío - Kōng) 45

    旬首 (Líder - Xún Shǒu) 46

    Estación Qi Men Dun Jia 50

    Método 拆布 (Chāi Bù) Method para Trazar el Mapa Qi Men Dun Jia 51

    Adivinación 68

    Aplicación 69

        Matrimonio 69

Renovación de Casa 69

Fengshui Yin 69

Mudanza a una nueva casa 70

Ceremonia de Apertura para Negocio 70

Entrevista o Examen 70

Montaje de la cama 71

Otras formas de aplicación 71

Análisis del Destino *71*

Cambiar Nombre *72*

Fengshui *73*

Asuntos Religiosos *73*

¿Cuál es el Método Qi Men para Cambiar la Vida? *76*

¿Qué es Adivinación? *79*

¿Cuáles son las circunstancias desconocidas? *82*

Lectura del Destino *84*

Creyendo o dejándolo al Destino *85*

Destino – Ciclo de suerte *85*

Bazi es el diagnóstico mientras que Fengshui es la prescripción *87*

Cómo maximizar tu suerte **89**

¿Por qué la Lectura del Destino es exacta cuando se lee el pasado? *91*

¿Cómo puedes maximizar tus oportunidades usando Qi Men Dun Jia? *91*

¿Cuáles son mis elementos favorables? 97

Historia de la Selección de Fecha 100

El Arte de la Guerra de Sun Tzu 105

Treinta y Seis Estratagemas (三十六计) 107

    Capítulo 1: Estratagemas para ganar (勝戰計 Shèng Zhàn Jì) 108

    Capítulo 2: Estratagemas para Tratar al Enemigo (敵戰計) 110

    Capítulo 3: Estratagemas de Ataque (攻戰計) 111

    Capítulo 4: Estratagemas de Caos (混戰計) 112

    Capítulo 5: Estratagemas Próximos (並戰計) 113

    Capítulo 6: Estratagemas Desesperados (敗戰計) 115

Casos de Adivinación 118

Caso 1: Revisión de Casa 118

    Análisis 119

Caso 2: Revisión de Casa – Hijo siempre enferma 120

    Análisis 121

Caso 3: Avería de autobús 122

    Antecedentes 122

    Análisis 123

Caso 4: Doctor hombre o mujer 124

    Antecedentes 124

    Análisis 125

Caso 5: Autobús turístico atorado en Yang Ming Shan, Taipei *126*

    Antecedentes 126

    Análisis 127

Caso 6: Diagnóstico de Enfermedad *128*

    Antecedentes 128

    Análisis 129

Caso 7: Hora de dar a luz de colega *130*

    Antecedentes 130

    Análisis 131

Caso 8: Colega preocupada por su salud *132*

    Antecedentes 132

    Analysis 133

Caso 9: Casa encantada *134*

    Antecedentes 134

    Análisis 135

Caso 10: La novia lo dejó *136*

    Antecedentes 136

    Análisis 137

Caso 11: Proyecto con problemas, tomar acción *138*

    Antecedentes 138

    Análisis 139

Caso 12: *Entrevista de padres voluntarios* *140*

    Antecedentes 140

    Análisis 141

Caso 13: Relación *142*

    Antecedentes 142

    Análisis 143

Casos Bazi **144**

Indicador de Cáncer de Mama *144*

    Caso 14: Sheryl Crow (diagnosticada en 2006 a los 44 años) 145

    Análisis 146

    Caso 15: Kylie Minogue (diagnosticada en 2005 a los 36 años) 147

    Análisis 148

Caso 16: Christina Applegate (diagnosticada en 2008 a los 36 años) *149*

    Análisis 150

Caso 17: Judy Holliday *151*

    Análisis 152

Caso 18: Angelina Jolie *153*

    Análisis 154

Indicador de Cáncer de Mama – nota *155*

Habilidad para conectarse con lo sobrenatural *156*

    Caso 19: Fecha de Nacimiento: 7 Dic 2007, hora Xu 156

Caso 20: Fecha de Nacimiento: 22 Mar 2013 a las 06:53 157

Caso 21: Fecha de Nacimiento de Nella Jones 4 May 1932 a las 10:30 158

Caso 22: Lady Diana – En el lugar equivocado, en el momento equivocado. 159

Caso 23: Whitney Houston - El Fengshui no encaja con su bazi. 162

Caso 24: Michael Jordan – Feng Shui de casa que ayuda a su carrera. 165

Caso 25: Dificultades para concebir 169

Análisis 170

Casos de Predicción de la Copa del Mundo 171

Caso 26: Brasil vs Croacia 171

Análisis 172

Caso 27: México vs Camerún 173

Análisis 174

Caso 28: España vs Holanda 175

Análisis 176

Caso 29: Chile vs Australia 177

Análisis 178

Caso 30: Colombia vs   Grecia 179

Análisis 180

Casos de Selección de Fecha 181

Caso 31: Inauguración Marina Bay Sands 181

Antecedentes 181

Análisis 182

Caso 32: Fecha de matrimonio elegida que terminó en divorcio 186

Antecedentes 186

Análisis 187

Caso 33: Inauguración del Singapore Flyer, terminó en bancarrota 188

Antecedentes 188

Análisis 190

Comentarios de Clientes y Estudiantes 191

Qi Men Dun Jia para la aplicación diaria 199

QMDJ Avanzado 200

Bazi QMDJ 200

Selección de Fecha QMDJ 201

El Camino al Programa Profesional QMDJ 202

Carácter Chino 203

Chino Tradicional vs Simplificado 203

Representación Pinyin: 203

Tonos: 204

Caracteres usados en Qi Men Dun Jia 205

Nota del Autor

Para quienes saben lo que es Qi Men Dun Jia, siempre piensan que Qi Men Dun Jia sólo puede ser usado en el campo de batalla. De hecho, algunos maestros famosos incluso comentaron que Qi Men Dun Jia no es applicable en la sociedad moderna. Qi Men Dun Jia ha existido por más de 5,000 años y en la antigüedad, sólo podia ser usado por el Emperador y sus consejeros. Quienes practicaban sin su permiso, serían ejecutados.

Este libro es una revisión completa de mi primer libro, *Controla Tu Destino Dominando Qi Men Dun Jia*. El propósito de la revisión es dar a los lectores una perspectiva más exacta del uso del Qi Men Dun Jia.

Entre los practicantes de Qi Men Dun Jia, es bien conocido que Qi Men Dun Jia se usa para adivinación. Este libro presenta otros usos del Qi Men Dun Jia y cómo puede ser usado en la sociedad moderna.

He presentado varios casos en este libro para su ilustración. Por favor, ten en cuenta que los casos presentados son casos reales actuales. Sin embargo, se aconseja a los lectores no seguir el método presentado aquí sin ninguna capacitación apropiada. Qi Men Dun Jia es poderoso; puede ayudarte, pero si se usa erróneamente, puede traer resultados indeseados. Esto es porque en toda la historia de China, Qi Men Dun Jia ha sido usado para hacer caer dinastías.

He impartido varios cursos en forma de aprendizaje a distancia y en salón de clase. Por favor, contáctame para anotarte en los cursos.

Calvin Yap

Calvin_yap@yahoo.com
http://www.fengshui-hacks.com

Otros Libros del Autor:

1. Control Your Destiny by Mastering Qi Men Dun Jia (ISBN: 978-981-08-7136-9)
2. Qi Men Dun Jia (奇门遁甲) Chāi Bù (拆布) English Calendar 2011 – 2020 (ISBN: 978-981-08-7386-8)
3. Practical Application of Qi Men Dun Jia (ISBN: 978-981-08-9837-3)
4. Qi Men Dun Jia Compendium Series Volume 1 - English Chai Bu & Zhi Run Calendar 1930 – 2020 (ISBN: 978-981-07-0509-1)
5. Qi Men Dun Jia Compendium Series Volume 2 - 540 Yang Dun Chart (ISBN: 978-981-07-0510-7)
6. Qi Men Dun Jia Compendium Series Volume 3 - 540 Yin Dun Chart (ISBN: 978-981-07-0511-4)
7. FengShui at Your Fingertips (ISBN: 978-981-07-1670-7)
8. Destiny Analysis of Famous People using Qi Men Dun Jia (no disponible al público)

Traducciones por el Autor:

1. Basic Qi Men Dun Jia - How to become a Fengshui Master by Master Ye (ISBN: 978-981-07-1745-2)
2. Destiny Analysis Using Qi Men Dun Jia by Master Ye
3. Date Selection Using Qi Men Dun Jia by Master Ye

Qué es Qi Men Dun Jia

Introducción al Qi Men Dun Jia

奇门遁甲 (Qí Mén Dùn Jiǎ) es una antigua forma de metafísica china que aún es utilizada en tiempos modernos. El nombre Qi Men, que se traduce aproximadamente como Puerta Mística, da un sentido místico o mágico a las personas que no saben más sobre el tema. Qi Men Dun Jia puede ser aplicado a negocios, resolución de crímenes, matrimonios y casamenteros, adivinación médica, Feng Shui, asuntos militares, encontrar personas extraviadas, viajar, adivinación personal de la fortuna, etc.

Se registró en la historia de China que Qi Men Dun Jia, junto con Da Liu Ren y Tai Yi Shen Shu son la cumbre de la personificación de las Tres Artes o Tres Estilos (三式 sān shì) en metafísica china. Se dice que estas Artes podrían sólo ser practicadas por el emperador o sus consejeros. Los plebeyos sorprendidos practicando estas Tres Artes, corrían el riesgo de ser ejecutados.

Según la leyenda, Qi Men Dun Jia fue enseñado al Emperador Amarillo (黄帝 Huáng Dì (2696-2597 AC) por un hada 九天玄女 (Jiǔ Tiān Xuán Nǚ). Durante ese tiempo, el Emperador estaba peleando contra un rebelde llamado 蚩尤 (Chī Yóu). Chī Yóu estaba familiarizado con el arte del Yin y Yang y había desarrollado la capacidad de convocar el viento y la lluvia. Se rumoreaba que su cabeza era tan fuerte como el cobre y sus brazos eran como acero (铜头铁臂) y era capaz de ganar cualquier guerra. Durante la batalla, el Emperador Amarillo no tenía la capacidad para derrotarlo. En la desesperación 九天玄女 (Jiǔ Tiān Xuán Nǚ) le transmitió el arte del Qi Men Dun Jia, el Emperador Amarillo inventó el 指南车 (Carro Apuntando al Sur) para ganar la guerra contra Chī Yóu.

Zhūgě Liàng [1]

诸葛亮 (Zhūgě Liàng), 181–234 era el Canciller de Shu Han durante el período de los Tres Reinos de China. A menudo es reconocido como el estratega más grande y más hábil de su era. Se decía que usaba la técnica de Qi Men Dun Jia para ganar batallas.

---

[1] Tomado de wikipedia

Usando botes de paja para conseguir flechas

Antes de la Batalla del Acantilado Rojo, Zhūgě Liàng visitó el campo Wu para ayudar a 周瑜 (Zhōu Yú). 周瑜 Zhōu Yú vio a Zhūgě Liàng como una amenaza para el Qu Oriental y tenía envidia del talento de Zhūgě Liàng. Asignó a Zhūgě Liàng la tarea de hacer 100,000 flechas en diez días o enfrentaría la ejecución por fracaso en los deberes bajo las leyes militares. Zhūgě Liàng prometió que terminaría esta tarea aparentemente imposible en tres días. Pidió 20 botes grandes; cada uno tripulado por algunos soldados y lleno de figuras humanas de paja. Antes del ocaso, con la niebla encubriendo sus movimientos, Zhūgě Liàng desplegó sus naves. Ordenó a sus soldados tocar tambores de guerra y gritó órdenes imitando el ruido de un ataque.

Al escuchar los tambores, los soldados de Wei se precipitaron para encontrar el "ataque". Zhūgě Liàng bebía vino con Lu Su en uno de los botes. Los soldados de Wei eran incapaces de ver a través de la niebla y lanzaron descargas de flechas al sonido de los tambores. Las figuras de paja pronto fueron penetradas por muchas flechas, las cuales chocaban en la paja. Zhūgě Liàng regresó triunfante a Wu. Después de retirar las flechas de las figuras de cuerpos de paja, Zhūgě Liàng descubrió que había más de 100,000 flechas.

Se dice que Zhūgě Liàng usó Qi Men Dun Jia para obtener el momento y dirección correcta de la niebla del río.

赤壁之戰 Batalla del Acantilado Rojo

Zhūgě Liàng quería quemar la flota de barcos encadenados de 曹操 (Cáo Cāo) y sabía que sólo podría hacerlo lanzando flechas con fuego con la ayuda del viento del Este. Zhūgě Liàng erigió el Altar de las Siete Estrellas y rezó por el viento del Este. En poco tiempo, el viento del Este soplaba con toda su fuerza. Zhūgě Liàng utilizó el Qi Men para predecir el momento del viento del Este y usó el Altar de las Siete Estrellas para comprar tiempo y crear misterio de la estrategia entera.

Jiāng Zǐyá [2]

姜子牙 (Jiāng Zǐyá) era una figura china histórica y legendaria que residía junto al Río Weishui hace alrededor de 3,000 años. La región era el estado feudal del Rey Wen de Zhou. El último regente de la dinastía Shang, el Zhou de Shang (s.16-11 AC) era un propietario de esclavos tirano y vicioso que pasaba sus días de juerga con su concubina favorita Daji, y ejecutando o castigando despiadadamente a oficiales honrados y otros que objetaban su sistema. Jiāng Zǐyá una vez sirvió al rey de Shang y lo odió con todo su corazón. Era un experto en asuntos militares (es decir, Qi Men Dun Jia) y esperaba que algún día alguien le pediría ayuda para derrocar al rey. Esperó y esperó hasta que tenía 80 años de edad, continuando plácidamente con su pesca en un afluente del Río Weihe (cerca del Xi'an de hoy) usando un gancho sin rebaba o incluso sin gancho, con la teoría de que el pez vendría a él por su propia voluntad cuando estuviera listo.

El Rey Wen del estado de Zhou (Shaanxi central), encontró pescando a Jiang. El Rey Wen, siguiendo el consejo de su padre y abuelo antes que él, estaba en búsqueda de personas talentosas. De hecho, su abuelo el Gran Duque de Zhou, le dijo que un día aparecería un sabio para ayudarlo a regir el estado de Zhou.

Cuando el Rey Wen vio a Jiāng Zǐyá, a primera vista sintió que era un anciano inusual y comenzó a conversar con él. Descubrió que este pescador de cabello blanco era realmente un pensador político y estratega militar astuto. Este, pensó, debe ser el hombre por el que estaba esperando su abuelo. Llevó a Jiang en su coche a la corte y lo nombró primer ministro dándole el título de Jiang Taigongwang ("La Esperanza del Gran Duque", o "El esperado del Gran Duque") en referencia al sueño poético que Danfu, abuelo de Wenwang, había tenido muchos años antes. Fue más adelante acortado a Jiang Taigong.

Zhāng Liáng (Han Occidental)3

張良 (Zhāng Liáng) 262-189 AC, fue un estratega y estadista del período de la temprana Dinastía Han de la historia china. También era conocido como uno de los "Tres Héroes de la temprana Dinastía Han" (漢初三傑),

---

[2] Tomado de wikipedia

[3] Tomado de wikipedia

junto con Han Xin y Xiao He. Zhāng Liáng contribuyó enormemente a la fundación de la Dinastía Han.

Para vengar la caída de su estado nativo, Zhāng Liáng dedicó sus esfuerzos a contratar asesinos para matar a Qin Shi Huang. Qi Shi Huang sobrevivió los intentos de asesinato, después de los cuales emitió una orden de arresto a Zhāng Liáng. Como un hombre buscado por el gobierno, Zhāng Liáng viajó a Xiapi y se estableció ahí por algún tiempo, usando identidades falsas para evadir a las autoridades. Un día, Zhāng Liáng tomó un paseo en el Puente Yishui y conoció ahí a un anciano. El hombre caminó hacia Zhang y a propósito tiró su zapato bajo el puente, después de lo cual gritó a Zhang, "¡Eh muchacho, baja y ve a buscar mi zapato!". Zhāng Liáng estaba asombrado y enojado, pero obedeció silenciosamente. El anciano entonces levantó su pie y ordenó a Zhāng Liáng que le pusiera el zapato. Zhāng Liáng estaba furioso, pero controló su temperamento y lo hizo dócilmente. El anciano no mostró ningún signo de gratitud y se alejó riendo. El anciano regresó después de caminar una distancia y elogió a Zhāng Liáng, "¡Este chico debe ser enseñado!" y pidió a Zhāng Liáng que lo encontrara en el puente otra vez al atardecer cinco días después. Zhāng Liáng estaba confundido, pero aceptó.

Cinco días después, Zhāng Liáng corrió al puente al final del atardecer, pero el anciano ya estaba esperándolo. El anciano lo reprendió, "¿Cómo puedes llegar tarde para reunirte con un anciano? ¡Regresa otra vez dentro de cinco días!" Zhāng Liáng hizo lo que pudo para ser puntual, pero el anciano llegó aún más temprano que él, y una vez más, fue desdeñado por el anciano y le pidió regresar de nuevo cinco días después. La tercera vez, Zhāng Liáng fue al puente a la medianoche y esperó hasta que el hombre apareció. Esta vez, el anciano estaba tan impresionado con la fortaleza de Zhāng Liáng que le presentó un libro diciendo, "Puedes volverte el tutor de un regente después de leer este libro. En diez años el mundo se volverá caótico, y tú puedes usar tu conocimiento de este libro para traer paz y prosperidad al imperio. Encuéntrame otra vez dentro de trece años. Yo soy la roca amarilla al pie del Monte Gucheng." El anciano era 黄石公 (Huang Shigong), alias "El Anciano de la Roca Amarilla", de los legendarios "Cuatro Haos del Monte Shang" (商山四皓), un grupo de cuatro hombres sabios solitarios. El libro se titulaba El Arte de la Guerra de Taigong (太公兵法), y se creía que eran las Enseñanzas del Sexto Secreto de Jiāng Zǐyá.

Liu Bowen

Liu Ji (1311-1375), llamado Bowen, era un consultor militar clave de Zhu Yuanzhang, el fundador de la dinastía Ming. Se decía que Liu Bowen usó la habilidad del Qi Men Dun Jia para traer a la dinastía Ming al trono.

Mao Zedong

毛泽东 Máo Zédōng (26 Diciembre, 1893-9 Septiembre, 1976) fue un revolucionario chino, teorista político y líder comunista. Condujo la República Popular China desde su establecimiento en 1949 hasta su muerte en 1976. Se rumoreaba que Mao realmente usó el Qi Men Dun Jia para ganar su batalla contra el Kuomintang. En algunas de las batallas, Mao realmente dictaba el momento y dirección exactos para que las tropas fueran desplegadas, lo cual es una firma clave del Qi Men Dun Jia.

Concepto Básico

¿Qué es 奇门遁甲 (Qí Mén Dùn Jiǎ)?

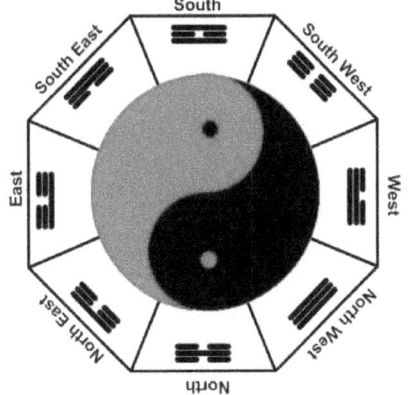

奇门遁甲 (Qí Mén Dùn Jiǎ) ofrece un mapa de la Hora China. 奇门遁甲 (Qí Mén Dùn Jiǎ) usa el Trigrama del Cielo Posterior o Ba Gua como su base.

Un mapa 奇门遁甲 (Qí Mén Dùn Jiǎ) proporcionará información con respecto a la interacción Cielo, Tierra y Hombre. (天时，地利，人和). La interacción Cielo, Tierra y Hombre es el concepto más importante en Metafísica China. Si el mapa muestra apoyo del Cielo, Tierra y Hombre, significa que es un mapa asupicioso. En el Arte de la Guerra de Sun Zi, se afirma: "天时、地利、人和，三者不得，虽胜有殃", lo que significa que si no hay apoyo del Cielo, Tierra y Hombre, incluso si ganas la Guerra, habrá calamidad.

Las definiciones de Confucio de 天时、地利、人和 son:
1. 天时 (Cielo): si ahora es primavera, entonces no molestes con asuntos del verano o invierno.

2. 地利 (Tierra): si hay un pequeño lago, entonces sólo di que vas a un pequeño lago a nadar. No digas que estás nadando en un río grande.

3. 人和 (Hombre): si hay 5-6 adultos, entonces no digas que hay más de 100 personas.

En pocas palabras, significa que una persona debe hacer uso pleno de los elementos Cielo, Tierra y Hombre en el estado natural (es decir, seguir el flujo de la naturaleza).

Hay varios métodos para trazar el mapa 奇门遁甲 (Qí Mén Dùn Jiǎ). Los más populares son los métodos Chāi Bù (拆补) y Zhí Rùn (直闰). Existen otros métodos no mencionados aquí, pero esto no implica que no deban ser usados. Además, podría haber ligeras variaciones en la práctica incluso dentro del método Chāi Bù o Zhí Rùn entre Maestros.

Cinco Elementos

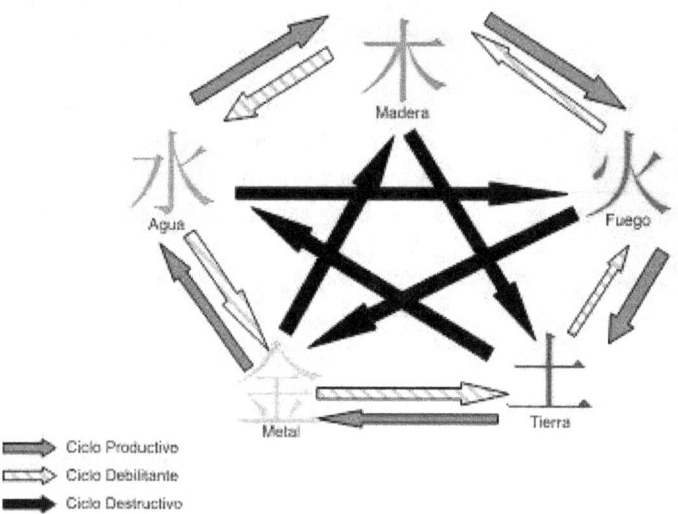

El concepto de Cinco Elementos (五行) es la base más fundamental, así como el concepto más importante para entender el arte básico de la metafísica china. Los antiguos sabios chinos concluyeron que el universo consta de cinco bloques de elementos, es decir, Tierra, Metal, Agua, Madera y Fuego. Cada elemento tiene sus propios atributos y características. Estos cinco elementos siguen la ley del a naturaleza como se describe a continuación:

La Madera produce Fuego, agota al Agua y controla a la Tierra
El Fuego produce Tierra, agota a la Madera y controla al Metal
La Tierra produce Metal, agota al Fuego y controla al Agua
El Metal produce Agua, agota a la Tierra y controla a la Madera
El Agua produce Madera, agota al Metal y controla al Fuego

Luo Shu (Cuadrados Mágicos)

Según la leyenda, se dice que una Tortuga gigante emergió del río. Inscrito sobre su caparazón estaban puntos circulares en un patron de 3x3. También es conocido como el Cuadrado Mágico.

	SE	Sur	SW	
Este	4 Madera	9 Fuego	2 Tierra	Oeste
	3 Madera	5 Tierra	7 Metal	
	8 Tierra	1 Agua	6 Metal	
	NE	Norte	NW	

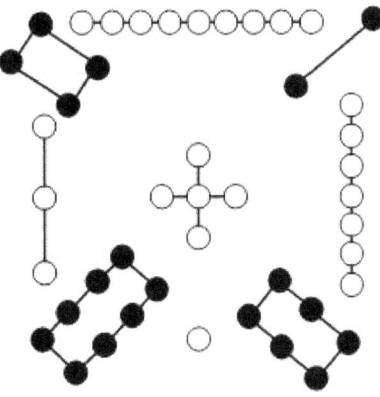

Ba Gua (Trigrama)

Se afirma que Fu Xi es la persona que inventó el Ba Gua. Hay dos tipos de Ba Gua: Cielo Anterior y Cielo Posterior. El consejo es memorizar el Ba Gua como sigue:

Ba Gua	Símbolo	Memorizar (en Chino)	Traducción
乾 qián (Padre)	☰	乾 qián 三 sān 连 lián	Qián es 3 líneas
兑 duì (Hija Menor)	☱	兑 duì 上 shàng 缺 quē	Duì carece de tapa
離 lí (Hija Mediana)	☲	離 lí 中 zhōng 虚 xū	Lí tiene vacío en medio
震 zhèn (Hijo Mayor)	☳	震 zhèn 仰 yǎng 盂 yú	Zhèn es una jarra hacia arriba
巽 xùn (Hija Mayor)	☴	巽 xùn 下 xià 断 duàn	Xùn está abierta en la base
坎 kǎn (Hijo Mediano)	☵	坎 kǎn 中 zhōng 满 mǎn	Kǎn está lleno en medio
艮 gèn (Hijo Menor)	☶	艮 gèn 覆 fù 碗 wǎn	Gèn es un cuenco volteado
坤 kūn (Madre)	☷	坤 kūn 六 liù 断 duàn	Kūn es 6 líneas separadas

En metafísica china, el Ba Gua del Cielo Posterior es el mayormente utilizado. El Ba Gua del Cielo Anterior es usado para complementar cualquier fórmula, si se necesita.

Las líneas se derivan del Taiji, donde los chinos creen que se formó el universo de energía positiva y negativa equilibrándose una a la otra. Donde hay luz de sol, habrá oscuridad, donde hay fuerza, hay debilidad.

El Taiji muestra que todo está en un ciclo virtuoso con la mezcla de las influencias de Yin y Yang. Esto son los puntos negros y blancos, como se muestra en el símbolo Taiji. El elemento más fuerte es indicado como Yang. Por lo tanto, la luz del sol es Yang donde la oscuridad es Yin. El Movimiento es Yang y la Inmovilidad es Yin. Por lo tanto, en Feng Shui, la montaña se considera Yin, mientras que el agua se considera Yang. En un entorno natural, el agua se acumula en la montaña y forma ríos. Por lo tanto, puede decirse que la montaña produce agua.

En el Taiji notarás que en el Yin existe Yang y en el Yang existe Yin. Observando el símbolo Taiji, encontrarás que dentro del negro hay blanco y dentro del blanco hay negro. Este es el significado. Del Taiji se derivan las líneas sólidas y quebradas. La línea sólida indica Yang o Masculino, y la línea Yin indica Yin o femenino.

▬▬▬ Esta es una línea Yang e indica Masculino. ▬ ▬ Esta es una línea Yin e indica femenino. Luego, las líneas sólida y quebrada son dispuestas para formar el Ba Gua.

El Ba Gua del Cielo Anterior en cuadrado 3 X 3 es como sigue:

兌 duì Hija Menor Metal, 4 Lago	乾 qián Padre Metal, 9 Cielo	巽 xùn Hija Mayor Madera, 2 Viento
離 lí Hija Mediana Fuego, 3 Fuego	5	坎 kǎn Hijo Mediano Agua, 7 Agua
震 zhèn Hijo Mayor Madera, 8 Trueno	坤 kūn Madre Tierra, 1 Tierra	艮 gèn Hijo Menor Tierra, 6 Montaña

El Ba Gua del Cielo Posterior en cuadrado 3 X 3 es como sigue:

巽 xùn Hija Mayor Madera, 4 Viento	離 lí Hija Mediana Fuego, 9 Fuego	坤 kūn Madre Tierra, 2 Tierra
震 zhèn Hijo Mayor Madera, 3 Trueno	5	兌 duì Hija Menor Metal, 7 Lago
艮 gèn Hijo Menor Tierra, 8 Montaña	坎 kǎn Hijo Mediano Agua, 1 Agua	乾 qián Padre Metal, 6 Cielo

Qi Men Dun Jia usa ambos Ba Gua, Anterior y Posterior como referencia. Los mapas son trazados usando el Ba Gua del Cielo Posterior como base.

九宫八卦图 (Mapa de 9 Palacios 8 Trigramas - Jiǔ Gōng Bā Guà Tú)

Los 9 Palacios 8 Trigramas es básicamente la secuencia del Trigrama del Cielo Posterior. Cada Trigrama es llamado Palacio (宫) y tiene un elemento y dirección asociados. Es usado para determinar el estado de interacción entre otros elementos de Qi Men. Además, también es usado para determinar la dirección o momento de ciertas cosas que pasan/van a pasar.

El siguiente mapa muestra el elemento de cada palacio y los miembros de la familia y números asociados.

	SE (东南)	Sur (正南)	SW (西南)	
	4, 5 巽四宫 (Xun 4) 3, 8 Hija Mayor Madera	3, 9 离九宫 (Li 9) 2, 7 Hija Mediana Fuego	坤二宫 2, 8 (Kun 2) 5, 10 Madre/Mujer Mayor Tierra	
Este (正东)	3, 4 震三宫 3, 8 (Zhen 3) Hijo Mayor Madera	中宫 (Centro 5) Tierra	兑七宫 2, 7 (Dui 7) 4, 9 Hija Menor Metal	Oeste (正西)
	7, 8 艮八宫 5, 10 (Gen 8) Hijo Menor Tierra	1, 6 坎一宫 (Kan 1) Hijo Mediano Agua	乾六宫 1, 6 (Qian 6) 4, 9 Padre/Hombre Mayor Metal	
	NE (东北)	North (正北)	NW (西北)	

Los miembros de la familia asociados pueden ser usados en la predicción para ver qué está pasando (ej., enfermedad o qué acontecimiento pasa a la persona). Los números pueden ser usados para predecir lotería o ciertas cosas que requieren cantidad (ej., cantidad de compensación).

Relación entre palacios

Lo siguiente muestra la relación cinco elementos entre palacios y cómo se origina lo auspicioso e inauspicioso. Esto se usa cuando se evalúa la relación entre 2 palacios. Por ejemplo, la comparación se hace en cosas como los Troncos Celestes, 八神 (8 Dioses - Bā Shén), 九星 (Jiǔ Xīng) o 八门 (Bā Mén) en el Palacio Kan 1 (que es Agua) contra cosas en el Palacio Kun 2 (que es Tierra).

Palacio Kan 1 (Norte, elemento Agua)

Otro Palacio	Elemento	Relación	Favorabilidad
Kun 2 (SW)	Tierra	Tierra controla a Agua. Kun 2 controla a Kan 1.	Inauspicicioso
Zhen 3 (Este)	Madera	Agua engendra a Madera. Kan 1 apoya a Zhen 3.	Auspicioso
Xun 4 (SE)	Madera	Agua engendra a Madera. Kan 1 apoya a Xun 4.	Auspicioso
Qian 6 (NW)	Metal	Metal engendra a Agua. Qian 6 apoya a Kan 1.	Auspicioso
Dui 7 (Oeste)	Metal	Metal engendra a Agua. Dui 7 apoya a Kan 1.	Auspicioso
Gen 8 (NE)	Tierra	Tierra controla a Agua. Gen 8 controla a Kan 1.	Inauspicicioso
Li 9 (Sur)	Fuego	Agua controla a Fuego. Kan 1 controla a Li 9.	Inauspicicioso

Palacio Kun 2 (Suroeste, elemento Tierra)

Otro Palacio	Elemento	Relación	Favorabilidad
Kan 1 (Norte)	Agua	Tierra controla a Agua. Kun 2 controla a Kan 1.	Inauspicicioso
Zhen 3 (Este)	Madera	Madera controla a Tierra. Zhen 3 controla a Kun 2.	Inauspicicioso
Xun 4 (SE)	Madera	Madera controla a Tierra. Xun 4 controla a Kun 2.	Inauspicicioso
Qian 6 (NW)	Metal	Tierra engendra a Metal. Kun 2 apoya a Qian 6.	Auspicioso
Dui 7 (Oeste)	Metal	Tierra engendra a Metal. Kun 2 apoya a Dui 7.	Auspicioso
Gen 8 (NE)	Tierra	Mismo elemento. Gen 8 apoya a Kun 2.	Auspicioso
Li 9 (Sur)	Fuego	Fuego engendra a Tierra. Li 9 apoya Kun 2.	Auspicioso

Palacio Zhen 3 (Este, elemento Madera)

Otro Palacio	Elemento	Relación	Favorabilidad
Kan 1 (Norte)	Agua	Agua engendra a Madera. Kan 1 apoya Zhen 3.	Auspicioso
Kun 2 (SW)	Tierra	Madera controla a Tierra. Zhen 3 controla a Kun 2.	Inauspicicioso
Xun 4 (SE)	Madera	Mismo elemento. Xun 4 apoya a Zhen 3.	Auspicioso
Qian 6 (NW)	Metal	Metal controla a Madera. Qian 6 controla a Zhen 3.	Inauspicicioso
Dui 7 (Oeste)	Metal	Metal controla a Wood. Dui 7 controla a Zhen 3.	Inauspicicioso
Gen 8 (NE)	Tierra	Madera controla a Tierra. Zhen 3 controla a Gen 8.	Inauspicicioso
Li 9 (Sur)	Fuego	Madera engendra a Fuego. Zhen 3 apoya a Li 9.	Auspicioso

Palacio Xun 4 (Sureste, elemento Madera)

Otro Palacio	Elemento	Relación	Favorabilidad
Kan 1 (Norte)	Agua	Agua engendra a Madera. Kan 1 apoya a Xun 4.	Auspicioso
Kun 2 (SW)	Tierra	Madera controla a Tierra. Xun 4 controla a Kun 2.	Inauspicicioso
Zhen 3 (Este)	Madera	Mismo elemento. Zhen 3 apoya a Xun 4.	Auspicioso
Qian 6 (NW)	Metal	Metal controla a Madera. Qian 6 controla a Xun 4.	Inauspicicioso
Dui 7 (Oeste)	Metal	Metal controla a Madera. Dui 7 controla a Xun 4.	Inauspicicioso
Gen 8 (NE)	Tierra	Madera controla a Tierra. Xun 4 controla a Gen 8.	Inauspicicioso
Li 9 (Sur)	Fuego	Madera engendra a Fuego. Xun 4 apoya a Li 9.	Auspicioso

Palacio Qian 6 (Noroeste, elemento Metal)

Otro Palacio	Elemento	Relación	Favorabilidad
Kan 1 (Norte)	Agua	Metal engendra a Agua. Qian 6 apoya a Kan 1.	Auspicioso
Kun 2 (SW)	Tierra	Tierra engendra a Metal. Kun 2 apoya a Qian 6.	Auspicioso
Zhen 3 (Este)	Madera	Metal controla a Madera. Qian 6 controla a Zhen 3.	Inauspicicioso
Xun 4 (SE)	Madera	Metal controla a Madera. Qian 6 controla a Xun 4.	Inauspicicioso
Dui 7 (Oeste)	Metal	Mismo elemento. Dui 7 apoya a Qian 6.	Auspicioso
Gen 8 (NE)	Tierra	Tierra engendra a Metal. Gen 8 apoya a Qian 6.	Auspicioso
Li 9 (Sur)	Fuego	Fuego controla a Metal. Li 9 controla a Qian 6.	Inauspicicioso

Palacio Dui 7 (Oeste, elemento Metal)

Otro Palacio	Elemento	Relación	Favorabilidad
Kan 1 (Norte)	Agua	Metal engendra a Agua. Dui 7 apoya a Kan 1.	Auspicioso
Kun 2 (SW)	Tierra	Tierra engendra a Metal. Kun 2 apoya a Dui 7.	Auspicioso
Zhen 3 (Este)	Madera	Metal controla a Madera. Dui 7 controla a Zhen 3.	Inauspicicioso
Xun 4 (SE)	Madera	Metal controla a Madera. Dui 7 controla a Xun 4.	Inauspicicioso
Qian 6 (NW)	Metal	Mismo elemento. Dui 7 apoya a Qian 6.	Auspicioso
Gen 8 (NE)	Tierra	Tierra engendra a Metal. Gen 8 apoya a Dui 7.	Auspicioso
Li 9 (Sur)	Fuego	Fuego controla a Metal. Li 9 controla a Dui 7.	Inauspicicioso

Palacio Gen 8 (Noreste, elemento Tierra)

Otro Palacio	Elemento	Relación	Favorabilidad
Kan 1 (Norte)	Agua	Tierra controla a Agua. Gen 8 controla a Kan 1.	Inauspicicioso
Kun 2 (SW)	Tierra	Mismo elemento. Kun 2 apoya a Gen 8.	Auspicioso
Zhen 3 (Este)	Madera	Madera controla a Tierra. Zhen 3 controla a Gen 8.	Inauspicicioso
Xun 4 (SE)	Madera	Madera controla a Tierra. Xun 4 controla a Gen 8.	Inauspicicioso
Qian 6 (NW)	Metal	Tierra engendra a Metal. Gen 8 apoya a Qian 6.	Auspicioso
Dui 7 (Oeste)	Metal	Tierra engendra a Metal. Gen 8 apoya a Dui 7.	Auspicioso
Li 9 (Sur)	Fuego	Fuego engendra a Tierra. Li 9 apoya a Gen 8.	Auspicioso

Palacio Li 9 (Sur, elemento Fuego)

Otro Palacio	Elemento	Relación	Favorabilidad
Kan 1 (Norte)	Agua	Agua controla a Fuego. Kan 1 controla a Li 9.	Inauspicicioso
Kun 2 (SW)	Tierra	Fuego engendra a Tierra. Li 9 apoya a Kun 2.	Auspicioso
Zhen 3 (Este)	Madera	Madera engendra a Fuego. Zhen 3 Apoya a Li 9.	Auspicioso
Xun 4 (SE)	Madera	Madera engendra a Fuego. Xun 4 apoya a Li 9.	Auspicioso
Qian 6 (NW)	Metal	Fuego controla a Metal. Li 9 controla a Qian 6.	Inauspicicioso
Dui 7 (Oeste)	Metal	Fuego controla a Metal. Li 9 controla a Dui 7.	Inauspicicioso
Gen 8 (NE)	Tierra	Fuego engendra a Tierra. Gen 8 apoya a Li 9.	Auspicioso

Enfermedad

El 用神 (Dios Útil - Yòng Shén) para enfermedad es la Estrella 天芮 (Tiān Ruì). El palacio donde está la Estrella 天芮 (Tiān Ruì) indica qué tipo de enfermedad tiene la persona.

El tipo de enfermedad depende de dónde está la Estrella 天芮 (Tiān Ruì):

Palacio	Enfermedad
Kan 1	• Riñón • Tracto urinario • Abdomen bajo
Kun 2	• Estómago • Intestino • Bazo • Órgano interno • Brazo derecho
Zhen 3	• Hígado • Vesícula biliar • Costilla izquierda • Músculos • Pecho izquierdo • Cintura
Xun 4	• Hombros • Cuello • Brazo izquierdo
Qian 6	• Corazón • Órganos internos • Pie izquierdo
Dui 7	• Pulmones • Costilla derecha • Garganta • Boca • Pecho derecho • Piel
Gen 8	• Pie izquierdo
Li 9	• Corazón • Arterias • Cabeza

十天干 (10 Troncos Celestes - Shí Tiān Gān)

Los 10 Troncos Celestes son 甲 (Jia), 乙 (Yi), 丙 (Bing), 丁 (Ding), 戊 (Wu), 己 (Ji), 庚 (Geng), 辛 (Xin), 壬 (Ren), 癸 (Gui). En Qi Men Dun Jia, 甲 (Jia) es la cabeza de los Diez Troncos Celestes. 甲 (Jia) es elemento Madera y a quien más teme encontrarse es a Metal Geng. 甲 (Jia), el general, debe ser protegido. Por lo tanto, en el mapa Qi Men Dun Jia, 甲 (Jia) está escondido de ser herido. Esta es la parte Dun Jia (甲), que significa esconder al Jia.

En Qi Men Dun Jia, existe el concepto Sān Qí Liù Yí (三奇六攸). Los San Qi (tres místicos o tres nobles) son 乙 (Yi), 丙 (Bing), 丁 (Ding). Yi es la hermana de Jia, debido a que Yi y Geng pueden combinarse, Jia puede "casar" a Yi con Geng, de manera que Geng no ataque a Jia. Bing y Ding son elemento Fuego. En 5-elementos, la Madera da vida al Fuego. Por lo tanto, Bing y Ding son hijos de Jia. Los hijos tienen el deber de proteger a sus padres. Además, en 5-elementos el Fuego restringe al Metal. Por lo tanto, Bing y Ding son parte de San Qi. Debido a que los tres tienen relaciones cercanas con Jia, los tres son llamados San Qi o tres nobles.

乙 (Yi): representa mujer, doctor de Medicina Tradicional China, tortuoso, zigzag.

丙 (Bing): representa fuego, color rojo, un tercero (hombre).

丁 (Ding): representa fuego débil, color rojo claro, un tercero (mujer).

戊 (Wu): representa riqueza, capital (dinero), bloqueo o atorado.

己 (Ji): representa tierra o suelo, colinas.

庚 (Geng): representa metal, hardware, policía.

辛 (Xin): representa objeto pequeño, lunar, premio o trofeo, error (acción).

壬 (Ren): representa agua clara o limpia, movimiento.

癸 (Gui): representa agua sucia, charco (de agua).

Las parejas de 10 Troncos Celestes en Qi Men Dun Jia son:

乙 (Yi)	庚 (Geng)
丙 (Bing)	辛 (Xin)
丁 (Ding)	壬 (Ren)
戊 (Wu)	癸 (Gui)
己 (Ji)	戊 (Wu)

60 JiaZi y calendario

El Sistema de calendario que todos conocemos es llamado calendario Gregoriano, calendario Occidental o calendario Cristiano. Se basa en la órbita de la tierra alrededor del sol. Un año es equivalente a 365.25 días.

Los chinos tienen 2 calendarios; uno es llamado Lunisolar y otro es llamado el Calendario Xia, Calendario Solar, Calendario del Agricultor, Calendario JiaZi o Calendario de Diez Mil Años. El Calendario Lunisolar está basado en el ciclo de la luna alrededor de la tierra con ajuste al Calendario Solar. El primer día del primer mes de un año particular en el Calendario Lunisolar es tambien conocido como Año Nuevo Chino.

En Metafísica China, se usa el Calendario Xia. Se llama Calendario Xia porque fue inventado durante la dinastía Xia. Es llamado Calendario Solar porque está basado solamente en la órbita de la tierra alrededor del sol. También es llamado Calendario del Agricultor porque indica las 24 Subestaciones (二十四节气) por todo el año, así el agricultor sabe cuando comenzar a plantar y cosechar.

El elemento clave del Calendario Xia es que usa la pareja de Troncos Celestes y Ramas Terrenales para representar el Año, Mes, Día y Hora. Hay 10 Troncos Celestes – 5 Troncos Yang y 5 Troncos Yin. Hay 12 Ramas Terrenales – 6 Ramas Yang y 6 Ramas Yin. Un Tronco Yang sólo puede hacer pareja con una Rama Yang y un Tronco Yin sólo puede hacer pareja con una Rama Yin; comenzando desde Jia Zi y terminando con Gui Hai, lo cual hace 60 parejas. Por lo tanto, las parejas también son llamadas **60 JiaZi** (六十甲子). La lista de 60 parejas JiaZi son como sigue:

甲(Jia)子(Zi)	甲(Jia)戌(Xu)	甲(Jia)申(Shen)	甲(Jia)午(Wu)	甲(Jia)辰(Chen)	甲(Jia)寅(Yin)
乙(Yi)丑(Chou)	乙(Yi)亥(Hai)	乙(Yi)酉(You)	乙(Yi)未(Wei)	乙(Yi)巳(Si)	乙(Yi)卯(Mao)
丙(Bing)寅(Yin)	丙(Bing)子(Zi)	丙(Bing)戌(Xu)	丙(Bing)申(Shen)	丙(Bing)午(Wu)	丙(Bing)辰(Chen)
丁(Ding)卯(Mao)	丁(Ding)丑(Chou)	丁(Ding)亥(Hai)	丁(Ding)酉(You)	丁(Ding)未(Wei)	丁(Ding)巳(Si)
戊(Wu)辰(Chen)	戊(Wu)寅(Yin)	戊(Wu)子(Zi)	戊(Wu)戌(Xu)	戊(Wu)申(Shen)	戊(Wu)午(Wu)
己(Ji)巳(Si)	己(Ji)卯(Mao)	己(Ji)丑(Chou)	己(Ji)亥(Hai)	己(Ji)酉(You)	己(Ji)未(Wei)
庚(Geng)午(Wu)	庚(Geng)辰(Chen)	庚(Geng)寅(Yin)	庚(Geng)子(Zi)	庚(Geng)戌(Xu)	庚(Geng)申(Shen)
辛(Xin)未(Wei)	辛(Xin)巳(Si)	辛(Xin)卯(Mao)	辛(Xin)丑(Chou)	辛(Xin)亥(Hai)	辛(Xin)酉(You)
壬(Ren)申(Shen)	壬(Ren)午(Wu)	壬(Ren)辰(Chen)	壬(Ren)寅(Yin)	壬(Ren)子(Zi)	壬(Ren)戌(Xu)
癸(Gui)酉(You)	癸(Gui)未(Wei)	癸(Gui)巳(Si)	癸(Gui)卯(Mao)	癸(Gui)丑(Chou)	癸(Gui)亥(Hai)

El Año, Mes, Día y Hora corre desde Jia Zi hasta Gui Hai y luego comienza desde Jia Zi otra vez. Esto es el por qué también es llamado Calendario Jia Zi o Calendario de los Diez Mil Años, porque nunca termina.

La representación de la hora es como sigue:

Ramas Terrenales	Hora
子 (Zi)	23:00 – 00:59
丑 (Chou)	01:00 – 02:59
寅 (Yin)	03:00 – 04:59
卯 (Mao)	05:00 – 06:59
辰 (Chen)	07:00 – 08:59
巳 (Si)	09:00 – 10:59
午 (Wu)	11:00 – 12:59
未 (Wei)	13:00 – 14:59
申 (Shen)	15:00 – 16:59
酉 (You)	17:00 – 18:59
戌 (Xu)	19:00 – 20:59
亥 (Hai)	21:00 – 22:59

Entonces, el 25 de Julio de 2011 a las 20:00 es representado como sigue:

Hora	Día	Mes	Año
戊(Wu)	辛(Xin)	乙(Yi)	辛(Xin)
戌(Xu)	巳(Si)	未(Wei)	卯(Mao)

Nota: La horaWu Xu es de 19:00 – 20:59.

Además, el año cambia después de 立春 (Comienzo de la Primavera - Lì Chūn). Por ejemplo, en 2011, 立春 comienza el 4 de Febrero a las 12:32. Por lo tanto, los nacidos el 3 de Febrero, nacieron en el año del Tigre (Geng Yin) y los nacidos después del 4 de Febrero a las 12:32, nacieron en el año del Conejo (Xin Mao).

八神 (8 Dioses - Bā Shén)

Los antiguos decían que Bā Shén representa el cielo o dios. Bā Shén consta de: 值符 (Zhí Fú), 螣蛇 (Téng Shé), 太阴 (Tài Yīn), 六合 (Liù Hé), 白虎 (Bái Hǔ), 玄武 (Xuán Wǔ), 九地 (Jiǔ Dì), 九天 (Jiǔ Tiān).

Bā Shén no tiene ubicación original o 伏吟 (Fú Yín).

Los Shén (Dioses) auspiciosos son: 值符 (Zhí Fú), 太阴 (Tài Yīn), 六合 (Liù Hé), 九地 (Jiǔ Dì) and 九天 (Jiǔ Tiān).

Los Shén (Dioses) inauspiciosos son: 螣蛇 (Téng Shé), 玄武 (Xuán Wǔ), 白虎 (Bái Hǔ).

值符 (Zhí Fú): representa autoridad, autoritatio, líder, liderazgo, jefe, alta dirección, estable, valioso y precioso.

螣蛇 (Téng Shé): molesto, preocupado, imitación, falso, astucia, tramposo, activo (le gusta mover), ágil, listo, escéptico, naturaleza nerviosa, despistado, problema de esquizofrenia.

太阴 (Tài Yīn): oscuro, sombrío, sombra, nublado, siniestro, traicionero, de incógnito, hace lo que nadie es se da cuenta, privado (carácter), introvertido, apacible y tranquilo.

六合 (Liù Hé): matrimonio, intermediario, medio, cooperar, evidencia, pruebas, testimonios, amable, comunicador.

白虎 (Bái Hǔ): feroz, salvaje, terrible, temeroso, desastre natural, accidente de tráfico, pelea, mal genio, temperamento, impaciente, de mal humor, firme, inquebrantable, enérgico, fuerte.

玄武 (Xuán Wǔ): pérdida financiera inesperada, ladrón, falsedad, persona mezquina, le gusta discutir y no admitir la derrota, quieren enfrentarse.

九地 (Jiǔ Dì): lento, melancolía, depresión, movimiento lento, la madre tierra, bajo, sólido, firme, persona honesta.

九天 (Jiǔ Tiān): alto, cielo, Paraíso Occidental (cielo), objetivo elevado, extrovertido, impulsivo, impaciente.

天盘 (Placa del Cielo - Tiān Pán)

El Tiān Pán consta de 九星 (Jiǔ Xīng) o 9 Estrellas. Son 天心 (Tiān Xīn), 天蓬 (Tiān Péng), 天任 (Tiān Rèn), 天冲 (Tiān Chōng), 天辅 (Tiān Fǔ), 天英 (Tiān Yīng), 天禽 (Tiān Qín), 天芮 (Tiān Ruì), 天柱 (Tiān Zhù). Este es el aspecto **Cielo** (天时) de la interacción Cielo, Tierra y Hombre interaction (天时地利人和)

La ubicación original o 伏吟 (Fú Yín) de 九星 (Jiǔ Xīng) en los 9 Palacios es como sigue:

	SE (东南)	Sur (正南)	SW (西南)	
	天辅 (Tiān Fǔ) 巽四宫 (Xun 4)	天英 (Tiān Yīng) 离九宫 Li 9	天芮 (Tiān Ruì) 坤二宫 (Kun 2)	
Este (正东)	天冲 (Tiān Chōng) 震三宫 (Zhen 3)	天禽 (Tiān Qín) 中宫 (Centro)	天柱 (Tiān Zhù) 兑七宫 (Dui 7)	Oeste (正西)
	天任 (Tiān Rèn) 艮八宫 (Gen 8)	天蓬 (Tiān Péng) 坎一宫 (Kan 1)	天心 (Tiān Xīn) 乾六宫 (Qian 6)	
	NE (东北)	Norte (正北)	NW (西北)	

Nota: En Qi Men Dun Jia el palacio central no es utilizado, 天禽 (Tiān Qín) se moverá al Palacio Kun 2. Para trazar el mapa, 天禽 (Tiān Qín) estará junto con 天芮 (Tiān Ruì). Las Xīng (Estrellas) auspiciosas son: 天辅 (Tiān Fǔ), 天禽 (Tiān Qín) y 天心 (Tiān Xīn).

Las Xīng (Estrellas) moderadamente auspiciosas son: 天冲 (Tiān Chōng) y 天任 (Tiān Rèn).

Las Xīng (Estrellas) inauspiciosas son: 天英 (Tiān Yīng), 天芮 (Tiān Ruì), 天柱 (Tiān Zhù) y 天蓬 (Tiān Péng).

天心 (Tiān Xīn): también conocida como estrella 武曲 (Wǔ Qǔ), oportuna en Palacio NW Qian 6, Estrella Yin, elemento Metal. Representa doctor, objeto redondo, persona intrigante.

天蓬 (Tiān Péng): también conocida como estrella 贪狼 (Tān Láng), oportuna en Palacio Norte Kan 1, Estrella Yang, elemento Agua. Representa enorme riqueza perdida, gran robo, asesinato, corrupción, violador, lujuria, obeso, al mismo tiempo también representa sabiduría e inteligencia, mariscal, capaz de manejar asuntos grandes.

天任 (Tiān Rèn): también conocida como estrella 左辅 (Zuǒ Fǔ), oportuna en Palacio NE Gen 8, Estrella Yang. Su elemento es Tierra y representa favorabilidad, persona amable, honesta, franca y de buena conducta.

天冲 (Tiān Chōng): también conocida como estrella 禄存 (Lù Cún), oportuna en Palacio Este Zhen 3, Estrella Yang. Es elemento Madera y representa atleta, persona que practica artes marciales, guerrero, impulsivo, hace las cosas rápidamente.

天辅 (Tiān Fǔ): también conocida como estrella 文曲 (Wén Qǔ), oportuna en el Palacio SE Xun 4, Estrella Yang. Es elemento Madera y representa sabiduría, civilización y educación, maestro, examen, official, persona con cultura y atractiva.

天英 (Tiān Yīngtambién conocida como estrella 右弼 (Yòu Bì), oportuna en el Palacio Sur Li 9, Estrella Yin. Es elemento Fuego y representa carácteres Fuertes, brillante/prometedor y problemas relacionados con la sangre.

天禽 (Tiān Qín): también conocida como estrella 廉贞 (Lián Zhēn), oportuna en Palacio central 5, por lo tanto es registrada en el Palacio Kun 2. Por tanto, 天禽 (Tiān Qín) siempre está junto con la Estrella 天芮 (Tiān Ruì). Es una Estrella Yang. Es elemento Tierra y representa honesto, franco, cabeza de cien oficiales, leal y tiene la sabiduría de manejar grandes asuntos.

天芮 (Tiān Ruì): también conocida como estrella 巨门 (Jù Mén), oportuna en el Palacio SW Kun 2 y una Estrella Yin. Es elemento Tierra y representa enfermedad, problemas, estudiante, religioso y Metafísica.

天柱 (Tiān Zhù): también conocida como estrella 破军 (Pò Jūn), oportuna en el Palacio Dui 7 y una Estrella Yin. Es elemento Metal y representa calamidad, ruina, disputa, chismes, escándalo, personas mezquinas y juicios.

地盘 (Placa de la Tierra - Dì Pán)

El Di Pan consta del Trigrama Post-Cielo o Ba Gua y 12 Ramas Terrenales. La ubicación en el 九宫八卦图 (tabla de 9 Palacios 8 Trigramas) es como sigue:

	SE (东南)	Sur (正南)	SW (西南)	
	巳 (Si) 巽四宫 (Xun 4) 辰 (Chen)	午 (Wu) 离九宫 (Li 9)	未 (Wei) 坤二宫 (Kun 2) 申 (Shen)	
Este (正东)	卯 (Mao) 震三宫 (Zhen 3) 寅 (Yin)	中宫 (Centro 5)	酉 (You) 兑七宫 (Dui 7) 戌 (Xu)	Oeste (正西)
	艮八宫 (Gen 8) 丑 (Chou)	坎一宫 (Kan 1) 子 (Zi)	乾六宫 (Qian 6) 亥 (Hai)	
	NE (东北)	Norte (正北)	NW (西北)	

Este es el aspecto **Tierra** (地利) de la interacción de Cielo, Tierra y Hombre (天时地利人和). Las Ramas Terrenales son usadas para determinar el momento de los acontecimientos. Por ejemplo, Yin en el Palacio Gen 8 puede representar Año Yin, Mes Yin, Día Yin u Hora Yin.

Las Ramas Terrenales también se usaban para dividir las 2 horas por Rama Terrenal en 10 minutos cada una. Por ejemplo, un evento a las 12:30, 12:30 es hora 午 (Wu). La hora 午 (Wu) es de 11:00 – 13:00. Entonces, 11:00 está en el Palacio Li 9 donde comienza la hora 午 (Wu). 未 (Wei), que está en el Palacio Kun 2, será 11:10. 申 (Shen) en el Palacio Kun 2 será 11:20 etc. 12:00 estará en el Palacio Kan 1. Así, 12:30 está en el Palacio Zhen 3. Puedes entonces leer la información en el Palacio Zhen 3 para deducir el evento.

人盘 (Placa del Hombre - Rén Pán)

Rén Pán consta de 八门 (Bā Mén) u 8-puertas. Son 开门 (Kāi Mén), 休门 (Xiū Mén), 生门 (Shēng Mén), 伤门 (Shāng Mén), 杜门 (Dù Mén), 景门 (Jǐng Mén), 死门 (Sǐ Mén), 惊门 (Jīng Mén). Es el aspecto **Hombre** (人和) de la interacción de Cielo, Tierra y Hombre (天时地利人和).

La ubicación original de 伏吟 (Fú Yín) de Ba Men en los 9 Palacios es:

	SE (东南)	Sur (正南)	SW (西南)	
	巽四宫 (Xun 4) 杜门 (Dù Mén)	离九宫 (Li 9) 景门 (Jǐng Mén)	坤二宫 (Kun 2) 死门 (Sǐ Mén)	
Este (正东)	震三宫 (Zhen 3) 伤门 (Shāng Mén)	中宫 (Centro)	兑七宫 (Dui 7) 惊门 (Jīng Mén)	Oeste (正西)
	艮八宫 (Gen 8) 生门 (Shēng Mén)	坎一宫 (Kan 1) 休门 (Xiū Mén)	乾六宫 (Qian 6) 开门 (Kāi Mén)	

NE (东北)　　　　Norte (正北)　　　NW (西北)

Las Puertas auspiciosas son 开门 (Kāi Mén), 休门 (Xiū Mén) y 生门 (Shēng Mén). Las Puertas moderadas son 杜门 (Dù Mén) y 景门 (Jǐng Mén). Las Puertas inauspiciosas son 死门 (Sǐ Mén), 伤门 (Shāng Mén) y 惊门 (Jīng Mén).

Es el aspecto **Hombre** (人和) de la interacción entre Cielo, Tierra y Hombre (天时地利人和).

开门 (Kāi Mén): es elemento Metal y oportuna en el Palacio NW Qian 6. Representa líder, padre, autoridad elevada, capital (país), juez, empleo, carrera, frente de tienda, fábrica y empresa.

休门 (Xiū Mén): es elemento Agua y es oportuna en el Palacio Norte Kan 1. Representa familia, recuperación, vivir relajado, servidor público, personal administrativo.

生门 (Shēng Mén): es elemento Tierra y es oportuna en el Palacio NE Gen 8. Representa transacción de negocios, beneficio, nueva residencia suerte de riqueza.

伤门 (Shāng Mén): es elemento Madera y es oportuna en el Palacio Este Zhen 3. Representa todos los transportes, deportes, riqueza indirecta, juego y demanda por deudas.

杜门 (Dù Mén): es elemento Madera y es oportuna en el Palacio SE Xun 4. Representa encubrimiento, dirección oculta, secreto, difícil de atravesar, tropas, accidentes de trabajo, asunto fiscal o policía.

景门 (Jǐng Mén): es elemento Fuego y es oportuna en el Palacio Sur Li 9. Representa calamidad relacionada con la sangre, lugar precioso (club nocturno), disputa, papel del examen, documentos, tácticas, plan de manejo, certificados y recibos.

死门 (Sǐ Mén): es elemento Tierra y es oportuna en el SW Palacio Kun 2. Representa hombre muerto, tumba, terreno, calamidad y mala suerte.

惊门 (Jīng Mén): es elemento Metal y es oportuna en el Palacio Oeste Dui 7. Representa disputas y escándalos, juicios, abogados y pánico.

La imagen completa del mapa Qi Men

伏吟 Mapa (Fú Yín)

El siguiente es un ejemplo de la posición original Qi Men Dun Jia o mapa 伏吟 (Fú Yín):

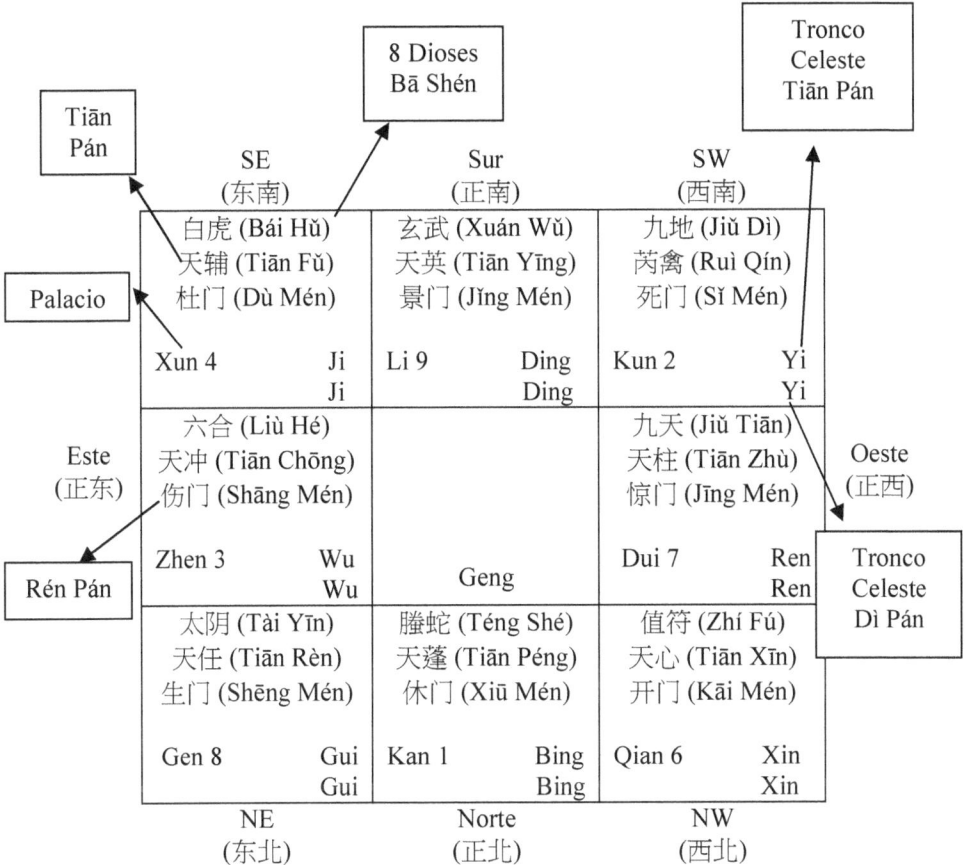

Nota: 八神 (8 Dioses - Bā Shén) no tiene ubicación original o 伏吟 (Fú Yín).

驿马星 (Caballo Viajero - Yì Mǎ)

Yì Mǎ o Estrella Caballo, como el nombre implica es como un caballo, habrá movimiento o huída. Por lo tanto, en Qi Men Dun Jia, Yì Mǎ puede indicar cambios relacionados al trabajo, matrimonio o negocio.

El palacio de Yì Mǎ se determina como sigue:

- Hora Shen, Zi, Chen, estrella Yì Mǎ en el Palacio Gen 8.
- Hora Yin, Wu, Xu, estrella Yì Mǎ en el Palacio Kun 2.
- Hora Si, You, Chou, estrella Yì Mǎ en el Palacio Qian 6.
- Hora Hai, Mao, Wei, estrella Yì Mǎ en el Palacio Xun 4.

巳 (Si) 巽四宫 (Xun 4) 辰 (Chen)	午 (Wu) 离九宫 Li 9	未 (Wei) 坤二宫 (Kun 2) 申 (Shen)
卯 (Mao) 震三宫 (Zhen 3)	中宫 (Centro 5)	酉 (You) 兑七宫 (Dui 7)
寅 (Yin) 马 艮八宫 (Gen 8) 丑 (Chou)	坎一宫 (Kan 1) 子 (Zi)	戌 (Xu) 乾六宫 (Qian 6) 亥 (Hai)

Hora Shen – Zi – Chen

巳 (Si) 巽四宫 (Xun 4) 辰 (Chen)	午 (Wu) 离九宫 Li 9	未 (Wei) 马 坤二宫 (Kun 2) 申 (Shen)
卯 (Mao) 震三宫 (Zhen 3)	中宫 (Centro 5)	酉 (You) 兑七宫 (Dui 7)
寅 (Yin) 艮八宫 (Gen 8) 丑 (Chou)	坎一宫 (Kan 1) 子 (Zi)	戌 (Xu) 乾六宫 (Qian 6) 亥 (Hai)

Hora Yin – Wu – Xu

巳 (Si) 巽四宫 (Xun 4) 辰 (Chen)	午 (Wu) 离九宫 Li 9	未 (Wei) 坤二宫 (Kun 2) 申 (Shen)
卯 (Mao) 震三宫 (Zhen 3)	中宫 (Centro 5)	酉 (You) 兑七宫 (Dui 7)
寅 (Yin) 艮八宫 (Gen 8) 丑 (Chou)	坎一宫 (Kan 1) 子 (Zi)	戌 (Xu) 马 乾六宫 (Qian 6) 亥 (Hai)

Hora Si – You – Chou

巳 (Si) 马 巽四宫 (Xun 4) 辰 (Chen)	午 (Wu) 离九宫 Li 9	未 (Wei) 坤二宫 (Kun 2) 申 (Shen)
卯 (Mao) 震三宫 (Zhen 3)	中宫 (Centro 5)	酉 (You) 兑七宫 (Dui 7)
寅 (Yin) 艮八宫 (Gen 8) 丑 (Chou)	坎一宫 (Kan 1) 子 (Zi)	戌 (Xu) 乾六宫 (Qian 6) 亥 (Hai)

Hora Hai – Mao – Wei

空 (Vacío - Kōng)

Kōng significa vacío. En Qi Men Dun Jia, cuando el palacio está en Kōng, significa que la capacidad de Shén (Dios), Mén (Puerta) y Xīng (Estrella) tiene sólo el 20% de capacidad. Si es auspicioso, sólo tiene el 20% de favorabilidad. Si es inauspicioso, sólo tiene el 20% de desfavorabilidad. Sin embargo, cuando el tiempo llegue a ese palacio particular donde está en Kōng (空), la capacidad será recuperada.

El método para determinar Kōng es el mismo de 60 Jia Zi 空亡 (Kōng Wáng – Muerte y Vacío). El mapa Kōng está junto con Xún Shǒu.

旬首 (Líder - Xún Shǒu)

Como el nombre Qi Men Dun Jia aplica, "Dun Jia" significa que el Jia está escondido. Entonces, en cualquier mapa Qi Men Dun Jia, "Jia" está Escondido y aquel que esconde a "Jia" es llamado Xún Shǒu o Líder. Esta información es necesaria cuando se traza un mapa Qi Men Dun Jia.

Xun	Jia Zi Xun	Jia Xu Xun	Jia Shen Xun	Jia Wu Xun	Jia Chen Xun	Jia Yin Xun
60 Jia Zi	甲(Jia) 子(Zi)	甲(Jia) 戌(Xu)	甲(Jia) 申(Shen)	甲(Jia) 午(Wu)	甲(Jia) 辰(Chen)	甲(Jia) 寅(Yin)
	乙(Yi) 丑(Chou)	乙(Yi) 亥(Hai)	乙(Yi) 酉(You)	乙(Yi) 未(Wei)	乙(Yi) 巳(Si)	乙(Yi) 卯(Mao)
	丙(Bing) 寅(Yin)	丙(Bing) 子(Zi)	丙(Bing) 戌(Xu)	丙(Bing) 申(Shen)	丙(Bing) 午(Wu)	丙(Bing) 辰(Chen)
	丁(Ding) 卯(Mao)	丁(Ding) 丑(Chou)	丁(Ding) 亥(Hai)	丁(Ding) 酉(You)	丁(Ding) 未(Wei)	丁(Ding) 巳(Si)
	戊(Wu) 辰(Chen)	戊(Wu) 寅(Yin)	戊(Wu) 子(Zi)	戊(Wu) 戌(Xu)	戊(Wu) 申(Shen)	戊(Wu) 午(Wu)
	己(Ji) 巳(Si)	己(Ji) 卯(Mao)	己(Ji) 丑(Chou)	己(Ji) 亥(Hai)	己(Ji) 酉(You)	己(Ji) 未(Wei)
	庚(Geng) 午(Wu)	庚(Geng) 辰(Chen)	庚(Geng) 寅(Yin)	庚(Geng) 子(Zi)	庚(Geng) 戌(Xu)	庚(Geng) 申(Shen)
	辛(Xin) 未(Wei)	辛(Xin) 巳(Si)	辛(Xin) 卯(Mao)	辛(Xin) 丑(Chou)	辛(Xin) 亥(Hai)	辛(Xin) 酉(You)
	壬(Ren) 申(Shen)	壬(Ren) 午(Wu)	壬(Ren) 辰(Chen)	壬(Ren) 寅(Yin)	壬(Ren) 子(Zi)	壬(Ren) 戌(Xu)
	癸(Gui) 酉(You)	癸(Gui) 未(Wei)	癸(Gui) 巳(Si)	癸(Gui) 卯(Mao)	癸(Gui) 丑(Chou)	癸(Gui) 亥(Hai)
空亡 (Kōng Wáng)	戌(Xu), 亥(Hai)	申(Shen), 酉(You)	午(Wu), 未(Wei)	辰(Chen), 巳(Si)	寅(Yin), 卯(Mao)	子(Zi), 丑(Chou)
旬首 (Xún Shǒu)	戊(Wu)	己(Ji)	庚(Geng)	辛(Xin)	壬(Ren)	癸(Gui)

En la tabla anterior, para Jia Zi, Yi Chou, Bing Yin ... Gui You, Kōng está en Xu y Hai. Para Jia Xu, Yi Hai, Bing Zi...Gui Wei, Kōng está en Shen y You.

Además, para Jia Zi, Yi Chou, Bing Yin ... Gui You, 旬首 (Líder) está en Wu. Para Jia Xu, Yi Hai, Bing Zi...Gui Wei, 旬首 (Líder) está en Ji.

En Qi Men Dun Jia hay Placa Interna y Placa Externa.

A continuación está un mapa Yang Dun:

巳 (Si) 巽四宮 (Xun 4) 辰 (Chen)	午(Wu) 离九宮 Li 9	未 (Wei) 坤二宮 (Kun 2) 申 (Shen)
卯 (Mao) 震三宮 (Zhen 3)	中宮 (Centro 5) Mapa Yang Dun	酉 (You) 兌七宮 (Dui 7)
寅 (Yin) 艮八宮 (Gen 8) 丑 (Chou)	坎一宮 (Kan 1) 子(Zi)	戌 (Xu) 乾六宮 (Qian 6) 亥 (Hai)

Kan 1, Gen 8, Zhen 3 and Xun 4 = Placa Interna

Li 9, Kun 2, Dui 7 and Qian 6 = Placa Externa

A continuación está un mapa Yin Dun:

巳 (Si) 巽四宮 (Xun 4) 辰 (Chen)	午(Wu) 离九宮 Li 9	未 (Wei) 坤二宮 (Kun 2) 申 (Shen)
卯 (Mao) 震三宮 (Zhen 3)	中宮 (Centro 5) Mapa Yin Dun	酉 (You) 兌七宮 (Dui 7)
寅 (Yin) 艮八宮 (Gen 8) 丑 (Chou)	坎一宮 (Kan 1) 子(Zi)	戌 (Xu) 乾六宮 (Qian 6) 亥 (Hai)

Kan 1, Gen 8, Zhen 3 and Xun 4 = Placa Externa

Li 9, Kun 2, Dui 7 and Qian 6 = Placa Interna

Trazando el Mapa Qi Men Dun Jia

Estación Qi Men Dun Jia

Para trazar un mapa Qi Men Dun Jia, necesitas averiguar la estación. Un año entero está dividido en 2 estaciones y es llamado Yang Dun (阳遁) y Yin Dun (阴遁). Dependiendo de qué técnica sea utilizada, Yang Dun comienza desde el Solsticio de Invierno (冬至- Dōng Zhì) hasta el Solsticio de Verano (夏至- Xià Zhì). Yin Dun comienza desde el Solsticio de Verano (夏至- Xià Zhì) hasta el Solsticio de Invierno (冬至- Dōng Zhì). Hay un total de 9 tipos de cada uno y son llamados Ju (局). Así, Yang Dun tiene 9 Ju y Yin Dun tiene 9 Ju. Cada Ju es clasificado además por la hora Jia Zi (para el Qi Men Dun Jia de la hora). Hay 60 horas Jia Zi y cada Ju tiene 60 mapas. Por lo tanto, Yang Dun tendrá 9 x 60 = 540 mapas. Lo mismo para Yin Dun, lo que da un total de 1080 mapas.

Mes	二十四节气 (24 subestaciones - Er Shí Sì Jié Qì)	Fecha de Inicio	Dun
1er Mes (Yin)	立春 (Comienzo de Primavera - Lì Chūn), 雨水 (Agua de Lluvia - Yǔ Shuǐ)	Feb 4, 5 Feb 18, 19	Yang
2do Mes (Mao)	惊蛰 (Despertar de Insectos - Jīng Zhé), 春分 (Equinoccio Primavera - Chūn Fēn)	Mar 5, 6 Mar 20, 21	Yang
3er Mes (Chen)	清明 (Brillantez Pura - Qīng Míng), 谷雨 (Lluvia de Granos - Gǔ Yǔ)	Abr 4, 5 Abr 20, 21	Yang
4to Mes (Si)	立夏 (Comienzo del Verano - Lì Xià), 小满 (Granos Pequeños - Xiǎo Mǎn)	May 5, 6 May 21, 22	Yang
5to Mes (Wu)	芒种 (Cosecha de Verano - Máng Zhòng), 夏至 (Solsticio de Verano - Xià Zhì)	Jun 5, 6 Jun 21, 22	Yang Yin
6to Mes (Wei)	小署 (Verano Ligero - Xiǎo Shǔ), 大署 (Verano Extremo - Dà Shǔ)	Jul 7, 8 Jul 22, 23	Yin
7mo Mes (Shen)	立秋 (Comienzo de Otoño - Lì Qiū), 外署 (Calor Externo - Wài Shǔ)	Ago 7, 8 Ago 23, 24	Yin
8vo Mes (You)	白露 (Rocío Blanco - Bái Lù), 秋分 (Equinoccio de Otoño - Qiū Fēn)	Sep 7, 8 Sep 23, 24	Yin
9no Mes (Xu)	寒露 (Rocío Frío - Hán Lù), 霜降 (Escarcha - Shuāng Jiàng)	Oct 8, 9 Oct 23, 24	Yin
10mo Mes (Hai)	立冬 (Comienzo de Invierno - Lì Dōng), 小雪 (Nieve Ligera - Xiǎo Xuě)	Nov 7, 8 Nov 22, 23	Yin
11vo Mes (Zi)	大雪 (Nieve Extrema - Dà Xuě), 冬至 (Solsticio de Invierno - Dōng Zhì)	Dic 7, 8 Dic 21, 22	Yin Yang
12vo Mes (Chou)	小寒 (Frío Ligero - Xiǎo Hán), 大寒 (Frío Extremo - Dà Hán)	Ene 5, 6 Ene 20, 21	Yang

Pasos para trazar el mapa Qi Men Dun Jia

Los pasos para trazar un mapa Qi Men Dun Jia son los siguientes:
1. Determina el Dun (Yang o Yin)
2. Usa el Dun para determinar el Ju
3. Determina el Xún Shǒu (旬首)
4. Por el Ju, traza el Tronco Celeste Di Pan
5. Por el Di Pan, traza el Tronco Celeste Tian Pan
6. Traza el 八神 (8 Dioses – bā shén)
7. Traza el Tian Pan – 九星 (Jiǔ Xīng)
8. Traza el Ren Pan – 八门 (Bā Mén)

Método 拆布 (Chāi Bù) Method para Trazar el Mapa Qi Men Dun Jia

1. Determina el Dun

En el Método Chāi Bù, la estación Qi Men Dun Jia es determinada como sigue:
- Yang Dun es desde el Solsticio de Invierno (冬至- Dōng Zhì) hasta el Solsticio de Verano (夏至- Xià Zhì). Alrededor del 22-Dic al 21-Jun
- Yin Dun es desde el Solsticio de Verano (夏至- Xià Zhì) hasta el Solsticio de Invierno (冬至- Dōng Zhì). Alrededor del 22-Jun al 21-Dic.

Usa un Calendario de Diez Mil Años confiable para averiguar cuándo comienza el Solsticio de Invierno o Verano.

2. Determina el número Ju

El número Ju depende pesadamente de las 24 subestaciones. Esto significa que si un día cae en una subestación, habrá 2 diferentes números en el mismo día. Si cae en el Solsticio de Invierno o el Solsticio de Verano, entonces el Dun cambia de Yang a Yin también. Siempre consulta el Calendario de Diez Mil Años antes de continuar. El mapa del número Ju de la subestación es el siguiente:

Estación		Ju#	Estación		Ju#	Estación		Ju#
芒种	(Máng Zhòng)	6 3 9	夏至	(Xià Zhì)	9 3 6	立秋	(Lì Qiū)	2 5 8
小满	(Xiǎo Mǎn)	5 2 8	小署	(Xiǎo Shǔ)	8 2 5	外署	(Wài Shǔ)	1 4 7
立夏	(Lì Xià)	4 1 7	大署	(Dà Shǔ)	7 1 4	白露	(Bái Lù)	9 3 6
	Xun 4			Li 9			Kun 2	
Estación		Ju#				Estación		Ju#
谷雨	(Gǔ Yǔ)	5 2 8		中宫		秋分	(Qiū Fēn)	7 1 4
清明	(Qīng Míng)	4 1 7				寒露	(Hán Lù)	6 9 3
春分	(Chūn Fēn)	3 9 6				霜降	(Shuāng Jiàng)	5 8 2
	Zhen 3						Dui 7	
Estación		Ju#	Estación		Ju#	Estación		Ju#
立春	(Lì Chūn)	8 5 2	大寒	(Dà Hán)	3 9 6	立冬	(Lì Dōng)	6 9 3
雨水	(Yǔ Shuǐ)	9 6 3	小寒	(Xiǎo Hán)	2 8 5	小雪	(Xiǎo Xuě)	5 8 2
惊蛰	(Jīng Zhé)	1 7 4	冬至	(Dōng Zhì)	1 7 4	大雪	(Dà Xuě)	4 7 1
	Gen 8			Kan 1			Qian 6	

Las siguientes condiciones son usadas para determinar el # Ju:

- Cada subestación son 15 días, cada 5 días es 1 Unidad, por lo tanto, cada subestación está dividida en Unidad Superior, Media e Inferior.
- Por ejemplo: Solsticio de Invierno (冬至 - Dōng Zhì) es 1, 7, 4; 1 = Unidad Superior, 7 = Unidad Media, 4 = Unidad Inferior.
- El #Ju se determina de manera de rotación siempre que esté dentro de la subestación. 1 → 7 → 4 → 1 etc.
- Cada 5 días, brinca al siguiente #Ju dentro de la subestación.
- Si el día es Jia (甲) o Ji (己), brinca al siguiente Ju# dentro de la subestación.
- Cuando la transición va de la subestación 1 a otra, el #Ju se determina por si el #Ju actual está en la Unidad Superior, Media o Inferior. Por ejemplo, si la subestación correcta es 大雪 (Nieve Extrema – dà xuě) #Ju 1 (Unidad Inferior), cuando se mueve al Solsticio de Invierno (冬至 - Dōng Zhì), el #Ju es 4 (Unidad Inferior).
- Si el 符头 (Fú Tóu) el líder de Ramas Terrenales es Zi, Wu, Mao o You, entonces usa la Unidad Superior.
- Si el 符头 (Fú Tóu) el líder de Ramas Terrenales es Yin, Shen, Si o Hai, entonces usa la Unidad Media.
- Si el 符头 (Fú Tóu) el líder de Ramas Terrenales es Chen, Xu, Chou o Wei, entonces usa la Unidad Inferior.

Ejemplo:

Fecha	Día	Subestación	Dun	Ju#	Unidad
21/Dic/2010	Yi Si	大雪 (Nieve Extrema - Dà Xuě)	Yin	1	Inferior
22/Dic/2010	Bing Wu	冬至 (Solsticio de Invierno - Dōng Zhì)	Yin Yang[4]	1 4	Inferior
24/Dic/2010	Wu Shen	冬至 (Solsticio de Invierno - Dōng Zhì)	Yang	4	Inferior
25/Dic/2010	Ji You	冬至 (Solsticio de Invierno - Dōng Zhì)	Yang	1[5]	Superior
30/Dic/2010	Jia Yin	冬至 (Solsticio de Invierno - Dōng Zhì)	Yang	7[6]	Media
04/Ene/2011	Ji Wei	冬至 (Solsticio de Invierno - Dōng Zhì)	Yang	4	Inferior
06/Ene/2011	Xin You	小寒 (Frío Ligero - Xiǎo Hán)	Yang	5	Inferior
09/Ene/2011	Jia Zi	小寒 (Frío Ligero - Xiǎo Hán)	Yang	2	Superior
14/Ene/2011	Ji Si	小寒 (Frío Ligero - Xiǎo Hán)	Yang	8	Middle

3. Determina el 旬首 (Xún Shǒu)

La referencia 旬首 (Xún Shǒu) es como sigue:

Xun	Jia Zi Xun	Jia Xu Xun	Jia Shen Xun	Jia Wu Xun	Jia Chen Xun	Jia Yin Xun
60 Jia Zi	甲 (Jia) 子 (Zi)	甲 (Jia) 戌 (Xu)	甲 (Jia) 申 (Shen)	甲 (Jia) 午 (Wu)	甲 (Jia) 辰 (Chen)	甲 (Jia) 寅 (Yin)
	乙 (Yi) 丑 (Chou)	乙 (Yi) 亥 (Hai)	乙 (Yi) 酉 (You)	乙 (Yi) 未 (Wei)	乙 (Yi) 巳 (Si)	乙 (Yi) 卯 (Mao)
	丙 (Bing) 寅 (Yin)	丙 (Bing) 子 (Zi)	丙 (Bing) 戌 (Xu)	丙 (Bing) 申 (Shen)	丙 (Bing) 午 (Wu)	丙 (Bing) 辰 (Chen)

---

[4] Después de 冬至 (Dōng Zhì) es Yang

[5] El Día es Ji

[6] Después de 5 días es Jia

	丁 (Ding) 卯 (Mao)	丁 (Ding) 丑 (Chou)	丁 (Ding) 亥 (Hai)	丁 (Ding) 酉 (You)	丁 (Ding) 未 (Wei)	丁 (Ding) 巳 (Si)
	戊 (Wu) 辰 (Chen)	戊 (Wu) 寅 (Yin)	戊 (Wu) 子 (Zi)	戊 (Wu) 戌 (Xu)	戊 (Wu) 申 (Shen)	戊 (Wu) 午 (Wu)
	己 (Ji) 巳 (Si)	己 (Ji) 卯 (Mao)	己 (Ji) 丑 (Chou)	己 (Ji) 亥 (Hai)	己 (Ji) 酉 (You)	己 (Ji) 未 (Wei)
	庚 (Geng) 午 (Wu)	庚 (Geng) 辰 (Chen)	庚 (Geng) 寅 (Yin)	庚 (Geng) 子 (Zi)	庚 (Geng) 戌 (Xu)	庚 (Geng) 申 (Shen)
	辛 (Xin) 未 (Wei)	辛 (Xin) 巳 (Si)	辛 (Xin) 卯 (Mao)	辛 (Xin) 丑 (Chou)	辛 (Xin) 亥 (Hai)	辛 (Xin) 酉 (You)
	壬 (Ren) 申 (Shen)	壬 (Ren) 午 (Wu)	壬 (Ren) 辰 (Chen)	壬 (Ren) 寅 (Yin)	壬 (Ren) 子 (Zi)	壬 (Ren) 戌 (Xu)
	癸 (Gui) 酉 (You)	癸 (Gui) 未 (Wei)	癸 (Gui) 巳 (Si)	癸 (Gui) 卯 (Mao)	癸 (Gui) 丑 (Chou)	癸 (Gui) 亥 (Hai)
旬首 (Xún Shŏu)	戊 (Wu)	己 (Ji)	庚 (Geng)	辛 (Xin)	壬 (Ren)	癸 (Gui)

El Xún Shŏu se determina usando la Hora Jia Zi. Por ejemplo, 24/Dic/2010 en la Hora Wu Wu es Yang Dun #4, está bajo Jia Yin Xun y, por lo tanto, <u>Xún Shŏu es Gui</u>.

4. Por el Ju, traza el Tronco Celeste Di Pan

- Identifica el Dun Ju basado en el día (Yin/Yang Dun Ju #)
- Yang Dun vuela hacia adelante, Ying Dun vuela hacia atrás usando la secuencia Luo Shu hacienda referencia al uso del Ju # y Palacio.

    - Ejemplo, si es Yang Dun #4, luego vuela hacia adelante con la siguiente secuencia: Wu, Ji, Geng, Xin, Ren, Gui, Ding, Bing, Yi desde el Palacio Xun 4 (Dun #4, así comienza del Palacio Xun 4)

4 (Wu)	Gui	Bing
Yi	Ji	Xin
Ren	Ding	Geng

- Nota: si vuela al palacio del centro, siempre mueve el Tronco Celeste al Palacio Kun 2.

- Yang Dun Tronco Celeste Di Pan:

Yang	1	Ju
Xin	Yi	Ji
Geng	Ren	Ding
Bing	1(Wu)	Gui

Yang	2	Ju
Geng	Bing	2(Wu)
Ji	Xin	Gui
Ding	Yi	Ren

Yang	3	Ju
Ji	Ding	Yi
3(Wu)	Geng	Ren
Gui	Bing	Xin

Yang	4	Ju
4(Wu)	Gui	Bing
Yi	Ji	Xin
Ren	Ding	Geng

Yang	5	Ju
Yi	Ren	Ding
Bing	5(Wu)	Geng
Xin	Gui	Ji

Yang	6	Ju
Bing	Xin	Gui
Ding	Yi	Ji
Geng	Ren	6(Wu)

Yang	7	Ju
Ding	Geng	Ren
Gui	Bing	7(Wu)
Ji	Xin	Yi

Yang	8	Ju
Gui	Ji	Xin
Ren	Ding	Yi
8(Wu)	Geng	Bing

Yang	9	Ju
Ren	9(Wu)	Geng
Xin	Gui	Bing
Yi	Ji	Ding

- Yin Dun Tronco Celeste Di Pan:

Yin	1	Ju
Ding	Ji	Yi
Bing	Gui	Xin
Geng	1(Wu)	Ren

Yin	2	Ju
Bing	Geng	2(Wu)
Yi	Ding	Ren
Xin	Ji	Gui

Yin	3	Ju
Yi	Xin	Ji
3(Wu)	Bing	Gui
Ren	Geng	Ding

Yin	4	Ju
4(Wu)	Ren	Geng
Ji	Yi	Ding
Gui	Xin	Bing

Yin	5	Ju
Ji	Gui	Xin
Geng	5(Wu)	Bing
Ding	Ren	Yi

Yin	6	Ju
Geng	Ding	Ren
Xin	Ji	Yi
Bing	Gyi	6(Wu)

Yin	7	Ju
Xin	Bing	Gui
Ren	Geng	7(Wu)
Yi	Ding	Ji

Yin	8	Ju
Ren	Yi	Ding
Gui	Xin	Ji
8(Wu)	Bing	Geng

Yin	9	Ju
Gui	9(Wu)	Bing
Ding	Ren	Geng
Ji	Yi	Xin

5. Por el Di Pan traza el Tronco Celeste Tian Pan

- Basado en el 旬首 (Xún Shǒu), Tronco Celeste de la Hora y Di Pan, úsalo para volar el Tronco Celeste Tian Pan.
- El 旬首 (Xún Shǒu) en el Di Pan se convierte en el Tronco Celeste Tian Pan del Tronco Celeste de la Hora.
- Por ejemplo:
    - Hora Wu Wu, Xún Shǒu es Gui.
    - Yang Dun #4
    - Gui desde Di Pan está siendo girado a Tian Pan donde Wu (Tronco de la Hora) está en Di Pan (es decir, Palacio Xun 4)
    - Luego sigue por Bing Di Pan en Kun 2 a Li 9
    - Xin Di Pan en Dui 7 a Kun 2, etc.

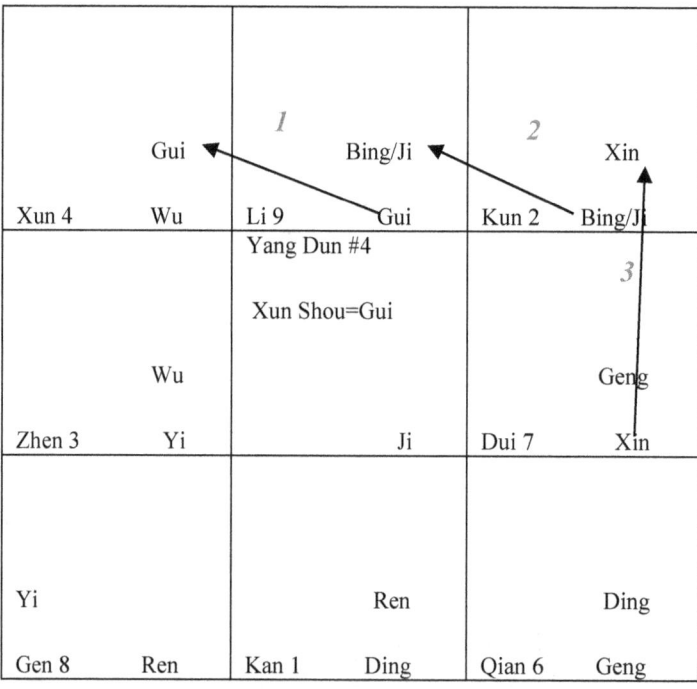

6. *Traza el 八神 (8 Dioses - Bā Shén)*

- 值符 (Zhí Fú) siempre sigue los Troncos de la Hora en el Di Pan
- Para Yang Dun: <u>en sentido horario</u>, coloca 值符 (Zhí Fú), 螣蛇 (Téng Shé), 太阴 (Tài Yīn), 六合 (Liù Hé), 白虎 (Bái Hǔ), 玄武 (Xuán Wǔ), 九地 (Jiǔ Dì), 九天 (Jiǔ Tiān).
- Para Yin Dun: <u>en sentido anti-horario</u>, coloca 值符 (Zhí Fú), 螣蛇 (Téng Shé),
- 太阴 (Tài Yīn), 六合 (Liù Hé), 白虎 (Bái Hǔ), 玄武 (Xuán Wǔ), 九地 (Jiǔ Dì), 九天 (Jiǔ Tiān).
- Para el ejemplo anterior, el Tronco de la Hora es Wu Wu y Wu en el Di Pan está en el Palacio Xun 4. Desde el Palacio Xun 4, en sentido horario, coloca 值符 (Zhí Fú), 螣蛇 (Téng Shé), etc.

值符 (Zhí Fú)		螣蛇 (Téng Shé)		太阴 (Tài Yīn)	
	Gui		Bing/Ji		Xin
Xun 4	Wu	Li 9	Gui	Kun 2	Bing/Ji
九天 (Jiǔ Tiān)		Yang Dun #4 Xun Shou=Gui		六合 (Liù Hé)	
	Wu				Geng
Zhen 3	Yi			Dui 7	Xin
九地 (Jiǔ Dì)		玄武 (Xuán Wǔ)		白虎 (Bái Hǔ)	
	Yi		Ren		Ding
Gen 8	Ren	Kan 1	Ding	Qian 6	Geng

- El Yang Dun 八神 (8 Dioses - Bā Shén) mapa Fú Yín (posición original) es como sigue:

六合 (Liù Hé)	白虎 (Bái Hǔ)	玄武 (Xuán Wǔ)
Palacio Xun 4	Palacio Li 9	Palacio Kun 2
太阴 (Tài Yīn)		九地 (Jiǔ Dì)
Palacio Zhen 3		Palacio Dui 7
螣蛇 (Téng Shé)	值符 (Zhí Fú)	九天 (Jiǔ Tiān)
Palacio Gen 8	Palacio Kan 1	Palacio Qian 6

- El Yin Dun 八神 (8 Dioses - Bā Shén) mapa Fú Yín es como sigue:

玄武 (Xuán Wǔ)	白虎 (Bái Hǔ)	六合 (Liù Hé)
Palacio Xun 4	Palacio Li 9	Palacio Kun 2
九地 (Jiǔ Dì)		太阴 (Tài Yīn)
Palacio Zhen 3		Palacio Dui 7
九天 (Jiǔ Tiān)	值符 (Zhí Fú)	螣蛇 (Téng Shé)
Palacio Gen 8	Palacio Kan 1	Palacio Qian 6

7. Traza el Tian Pan - 九星 (Jiŭ Xīng)

- La Placa Fú Yín (mapa original) para 九星 (Jiŭ Xīng) es como sigue:

天辅 (Tiān Fŭ) Palacio Xun 4	天英 (Tiān Yīng) Palacio Li 9	天芮 (Tiān Ruì) Palacio Kun 2
天冲 (Tiān Chōng) Palacio Zhen 3	天禽 (Tiān Qín)	天柱 (Tiān Zhù) Palacio Dui 7
天任 (Tiān Rèn) Palacio Gen 8	天蓬 (Tiān Péng) Palacio Kan 1	天心 (Tiān Xīn) Palacio Qian 6

- Nota: 天禽 (Tiān Qín) siempre seguirá a 天芮 (Tiān Ruì)
- Determina la 值星 (estrella líder – Zhí Xīng)
- Basado en el 旬首 (Xún Shŏu), encuentra dónde está en el mapa Di Pan trazado.
- Por el Di Pan, averigua en cuál palacio está y trázalo al mapa Fú Yin anterior, la estrella en ese palacio seguirá a 值符 (Zhí Fú).
- Traza en sentido horario comenzando por la 值星 (estrella líder – Zhí Xīng).
- Por ejemplo, Yang Dun #4, Hora Wu Wu, Xun Shou es Gui,
  o 值符 (Zhí Fú) es Palacio 4 Xun.
  o Di Pan Gui está en el Palacio Li 9.
  o El Palacio Li 9 es Tiān Yīng (天英) en la posición original. Así, la 值星 (estrella líder – zhí xīng) es Tiān Yīng (天英)
  o Entonces, coloca a Tiān Yīng (天英) en Xun 4, siguiendo a 值符 (Zhí Fú), Tiān Ruì (天芮) en Li 9 en sentido horario, etc.

值符 (Zhí Fú) 天英 (Tiān Yīng)	螣蛇 (Téng Shé) 芮禽 (Ruì Qín)	太阴 (Tài Yīn) 天柱 (Tiān Zhù)
Gui Xun 4　　Wu	Bing/Ji Li 9　　Gui	Xin Kun 2　　Bing/Ji
九天 (Jiǔ Tiān) 天辅 (Tiān Fǔ)	Yang Dun #4 Xun Shou=Gui	六合 (Liù Hé) 天心 (Tiān Xīn)
Wu Zhen 3　　Yi		Geng Dui 7　　Xin
九地 (Jiǔ Dì) 天冲 (Tiān Chōng)	玄武 (Xuán Wǔ) 天任 (Tiān Rèn)	白虎 (Bái Hǔ) 天蓬 (Tiān Péng)
Yi Gen 8　　Ren	Ren Kan 1　　Ding	Ding Qian 6　　Geng

8. *Traza el Ren Pan - 八门 (Bā Mén)*

- La Placa Fú Yín (mapa original) para 八门 (Bā Mén) es como sigue:

杜门 (Dù Mén) Palacio Xun 4	景门 (Jǐng Mén) Palacio Li 9	死门 (Sǐ Mén) Palacio Kun 2
伤门 (Shāng Mén) Palacio Zhen 3		惊门 (Jīng Mén) Palacio Dui 7
生门 (Shēng Mén) Palacio Gen 8	休门 (Xiū Mén) Palacio Kan 1	开门 (Kāi Mén) Palacio Qian 6

- Por el mapa trazado, averigua cuál palacio es 值符 (Zhí Fú) y cuál es 九星 (Jiǔ Xīng).
- Basado en el 九星 (Jiǔ Xīng), averigua cuál palacio está sobre el Mapa Fú Yin:

天辅 (Tiān Fǔ)	天英 (Tiān Yīng)	天芮 (Tiān Ruì)
Palacio Xun 4	Palacio Li 9	Palacio Kun 2
天冲 (Tiān Chōng)	天禽 (Tiān Qín)	天柱 (Tiān Zhù)
Palacio Zhen 3		Palacio Dui 7
天任 (Tiān Rèn)	天蓬 (Tiān Péng)	天心 (Tiān Xīn)
Palacio Gen 8	Palacio Kan 1	Palacio Qian 6

- Por el palacio encuentra a 八门 (Bā Mén) en el 八门 (Bā Mén) Mapa Fú Yín. Ese es el 直门 (líder de Mén (Puerta) - Zhí Mén)
- Por el palacio, si Yang Dun vuela hacia adelante desde el Xun a la hora. Si Yin Dun vuela hacia atrás desde el Xun a la hora desde el Xun.

Xun	Jia Zi Xun	Jia Xu Xun	Jia Shen Xun	Jia Wu Xun	Jia Chen Xun	Jia Yin Xun
60 Jia Zi	甲 (Jia) 子 (Zi)	甲 (Jia) 戌 (Xu)	甲 (Jia) 申 (Shen)	甲 (Jia) 午 (Wu)	甲 (Jia) 辰 (Chen)	甲 (Jia) 寅 (Yin)
	乙 (Yi) 丑 (Chou)	乙 (Yi) 亥 (Hai)	乙 (Yi) 酉 (You)	乙 (Yi) 未 (Wei)	乙 (Yi) 巳 (Si)	乙 (Yi) 卯 (Mao)
	丙 (Bing) 寅 (Yin)	丙 (Bing) 子 (Zi)	丙 (Bing) 戌 (Xu)	丙 (Bing) 申 (Shen)	丙 (Bing) 午 (Wu)	丙 (Bing) 辰 (Chen)
	丁 (Ding) 卯 (Mao)	丁 (Ding) 丑 (Chou)	丁 (Ding) 亥 (Hai)	丁 (Ding) 酉 (You)	丁 (Ding) 未 (Wei)	丁 (Ding) 巳 (Si)
	戊 (Wu) 辰 (Chen)	戊 (Wu) 寅 (Yin)	戊 (Wu) 子 (Zi)	戊 (Wu) 戌 (Xu)	戊 (Wu) 申 (Shen)	戊 (Wu) 午 (Wu)
	己 (Ji) 巳 (Si)	己 (Ji) 卯 (Mao)	己 (Ji) 丑 (Chou)	己 (Ji) 亥 (Hai)	己 (Ji) 酉 (You)	己 (Ji) 未 (Wei)
	庚 (Geng) 午 (Wu)	庚 (Geng) 辰 (Chen)	庚 (Geng) 寅 (Yin)	庚 (Geng) 子 (Zi)	庚 (Geng) 戌 (Xu)	庚 (Geng) 申 (Shen)
	辛 (Xin) 未 (Wei)	辛 (Xin) 巳 (Si)	辛 (Xin) 卯 (Mao)	辛 (Xin) 丑 (Chou)	辛 (Xin) 亥 (Hai)	辛 (Xin) 酉 (You)
	壬 (Ren) 申 (Shen)	壬 (Ren) 午 (Wu)	壬 (Ren) 辰 (Chen)	壬 (Ren) 寅 (Yin)	壬 (Ren) 子 (Zi)	壬 (Ren) 戌 (Xu)
	癸 (Gui) 酉 (You)	癸 (Gui) 未 (Wei)	癸 (Gui) 巳 (Si)	癸 (Gui) 卯 (Mao)	癸 (Gui) 丑 (Chou)	癸 (Gui) 亥 (Hai)
旬首 (Xún Shǒu)	戊 (Wu)	己 (Ji)	庚 (Geng)	辛 (Xin)	壬 (Ren)	癸 (Gui)

- Por el palacio, si Yang Dun vuela hacia adelante desde el Xun a la hora. Si Yin Dun vuela hacia atrás desde Xun hacia la hora desde Xun.
- Por el ejemplo, Yang Dun #4, Hora Wu Wu, Xun Shou es Gui bajo Jia Yin Xun.
  - 值符 (Zhí Fú) es Palacio Xun 4
  - La 值星 (estrella líder – zhí xīng) es Tiān Yīng (天英)

- o Tiān Yīng (天英) está originalmente en el Palacio Li 9 en el mapa Fú Yín
- o El Palacio Li 9 es 景门 (Jǐng Mén) en el Mapa Fú Yín 八门 (Bā Mén)
- o El 值门 (líder de Mén (Puerta) – zhí mén) es 景门 (Jǐng Mén)
- o Xun Shou es Gui, en el Di Pan Palacio Li 9. Ya que es Yang Dun, vuela hacia adelante con el patrón Luo Shu usando el Mapa Xun Shou desde el Palacio Li 9 comenzando desde Jia Yin (Xun), Kan 1 = Yi Mao, Kun 2 = Bing Chen, Zhen 3 = Ding Si, Xun 4 = Wu Wu (la hora). Coloca 景门 (Jǐng Mén) en el Palacio Xun 4, 死门 (Sǐ Mén) en el Palacio Li 9
- o Nota: si es Yin Dun, entonces Li 9 = Jia Yin, Gen 8 = Yi Mao, Dui 7 = Bing Chen, etc.

值符 (Zhí Fú) 天英 (Tiān Yīng) 景门 (Jǐng Mén) Xun 4 Gui Wu	螣蛇 (Téng Shé) 芮禽 (Ruì Qín) 死门 (Sǐ Mén) Li 9 Bing/Ji Gui	太阴 (Tài Yīn) 天柱 (Tiān Zhù) 惊门 (Jǐng Mén) Kun 2 Xin Bing/Ji
九天 (Jiǔ Tiān) 天辅 (Tiān Fǔ) 杜门 (Dù Mén) Zhen 3 Wu Yi	Yang Dun #4 Xun Shou=Gui	六合 (Liù Hé) 天心 (Tiān Xīn) 开门 (Kāi Mén) Dui 7 Geng Xin
九地 (Jiǔ Dì) 天冲 (Tiān Chōng) 伤门 (Shāng Mén) Gen 8 Yi Ren	玄武 (Xuán Wǔ) 天任 (Tiān Rèn) 生门 (Shēng Mén) Kan 1 Ren Ding	白虎 (Bái Hǔ) 天蓬 (Tiān Péng) 休门 (Xiū Mén) Qian 6 Ding Geng

9. 空 *(Vacío - Kōng)*

- Indica el 空 (Vacío - Kōng).
- Usa los Troncos de la Hora como referencia para averiguar cuál Rama Terrenal es 空 (Vacío – Kōng)
- La colocación de Ramas Terrenales en Qi Men Dun Jia es como sigue:

巳 (Si) Xun 4 辰 (Chen)	午 (Wu) Li 9	未 (Wei) Kun 2 申 (Shen)
卯 (Mao) Zhen 3	Middle 5	酉 (You) Dui 7
寅 (Yin) Gen 8 丑 (Chou)	Kan 1 子 (Zi)	戌 (Xu) Qian 6 亥 (Hai)

Xun	Jia Zi Xun	Jia Xu Xun	Jia Shen Xun	Jia Wu Xun	Jia Chen Xun	Jia Yin Xun
60 Jia Zi	甲 (Jia) 子 (Zi)	甲 (Jia) 戌 (Xu)	甲 (Jia) 申 (Shen)	甲 (Jia) 午 (Wu)	甲 (Jia) 辰 (Chen)	甲 (Jia) 寅 (Yin)
	乙 (Yi) 丑 (Chou)	乙 (Yi) 亥 (Hai)	乙 (Yi) 酉 (You)	乙 (Yi) 未 (Wei)	乙 (Yi) 巳 (Si)	乙 (Yi) 卯 (Mao)
	丙 (Bing) 寅 (Yin)	丙 (Bing) 子 (Zi)	丙 (Bing) 戌 (Xu)	丙 (Bing) 申 (Shen)	丙 (Bing) 午 (Wu)	丙 (Bing) 辰 (Chen)
	丁 (Ding) 卯 (Mao)	丁 (Ding) 丑 (Chou)	丁 (Ding) 亥 (Hai)	丁 (Ding) 酉 (You)	丁 (Ding) 未 (Wei)	丁 (Ding) 巳 (Si)
	戊 (Wu) 辰 (Chen)	戊 (Wu) 寅 (Yin)	戊 (Wu) 子 (Zi)	戊 (Wu) 戌 (Xu)	戊 (Wu) 申 (Shen)	戊 (Wu) 午 (Wu)
	己 (Ji) 巳 (Si)	己 (Ji) 卯 (Mao)	己 (Ji) 丑 (Chou)	己 (Ji) 亥 (Hai)	己 (Ji) 酉 (You)	己 (Ji) 未 (Wei)
	庚 (Geng) 午 (Wu)	庚 (Geng) 辰 (Chen)	庚 (Geng) 寅 (Yin)	庚 (Geng) 子 (Zi)	庚 (Geng) 戌 (Xu)	庚 (Geng) 申 (Shen)
	辛 (Xin) 未 (Wei)	辛 (Xin) 巳 (Si)	辛 (Xin) 卯 (Mao)	辛 (Xin) 丑 (Chou)	辛 (Xin) 亥 (Hai)	辛 (Xin) 酉 (You)
	壬 (Ren) 申 (Shen)	壬 (Ren) 午 (Wu)	壬 (Ren) 辰 (Chen)	壬 (Ren) 寅 (Yin)	壬 (Ren) 子 (Zi)	壬 (Ren) 戌 (Xu)
	癸 (Gui) 酉 (You)	癸 (Gui) 未 (Wei)	癸 (Gui) 巳 (Si)	癸 (Gui) 卯 (Mao)	癸 (Gui) 丑 (Chou)	癸 (Gui) 亥 (Hai)
旬首 (Xún Shǒu)	戊 (Wu)	己 (Ji)	庚 (Geng)	辛 (Xin)	壬 (Ren)	癸 (Gui)

- Por el ejemplo, Yang Dun #4, Hora Wu Wu, 空 (Vacío – Kōng) es Zi y Chou

10. 驿马星 (Caballo Viajero - Yì Mǎ)

- El palacio de Yi Ma se determina como sigue:
    - Hora Shen, Zi, Chen: Estrella Caballo en Palacio Gen 8.
    - Hora Yin, Wu, Xu: Estrella Caballo en Palacio Kun 2.
    - Hora Si, You, Chou: Estrella Caballo en Palacio Qian 6.
    - Hai, Mao, Wei hour: Estrella Caballo en Palacio Xun 4.
- Por el ejemplo, Hora Wu Wu, la Estrella Caballo está en el Palacio Kun 2
- El Mapa 拆布 (Chāi Bù) para el 24/Dic/2010 en Hora Wu Wu:

值符 (Zhí Fú) 天英 (Tiān Yīng) 景门 (Jǐng Mén)		腾蛇 (Téng Shé) 芮禽 (Ruì Qín) 死门 (Sǐ Mén)		太阴 (Tài Yīn) 马 天柱 (Tiān Zhù) 惊门 (Jīng Mén)	
Xun 4	Gui Wu	Li 9	Bing/Ji Gui	Kun 2	Xin Bing/Ji
九天 (Jiǔ Tiān) 天辅 (Tiān Fǔ) 杜门 (Dù Mén)		Yang Dun #4 Xun Shou=Gui		六合 (Liù Hé) 天心 (Tiān Xīn) 开门 (Kāi Mén)	
Zhen 3	Wu Yi			Dui 7	Geng Xin
九地 (Jiǔ Dì) O 天冲 (Tiān Chōng) 伤门 (Shāng Mén)		玄武 (Xuán Wǔ) O 天任 (Tiān Rèn) 生门 (Shēng Mén)		白虎 (Bái Hǔ) 天蓬 (Tiān Péng) 休门 (Xiū Mén)	
Gen 8	Yi Ren	Kan 1	Ren Ding	Qian 6	Ding Geng

Usos del Qi Men Dun Jia

Usos del Qi Men Dun Jia

¿Puedes imaginar a Zhuge Liang ganar la Batalla del Acantilado Rojo usando la adivinación? No lo creo. Desde mi comprensión y lo que he aprendido, Qi Men Dun Jia puede ser usado para:

- Adivinación
- Aplicación
- Análisis del Destino
- Cambio de Nombre
- Prescripción Fengshui
- Asuntos Religiosos
- Bienestar Personal

Adivinación

Para quienes han aprendido antes Qi Men Dun Jia, estos son los fundamentos más básicos del Qi Men Dun Jia. Puedes usar la Adivinación Qi Men Dun Jia para predecir:

- Asuntos de Relaciones: divorcio, aventura extramatrimonial, escándalos y líos legales.
- Riqueza e Inversiones: estado actual de riqueza, proyecto conjunto, inversion en negocio.
- Entrevista y Académico: si la entrevista o el examen tendrán éxito.
- Exactitud de información: si la persona está mintiendo o ha proporcionado información falsa.
- Realizar auditoria de Fengshui y análisis del destino utilizando la adivinación.
- Cosas mundanas como encontrar objetos perdidos y pronóstico del tiempo. Incluso uno de mis estudiantes lo utilizó para encontrar el paradero de su esposa en un centro comercial.

Aplicación

Aquí es donde entra el verdadero negocio del Qi Men Dun Jia. Esto es básicamente elegir una buena fecha u hora y una acción apropiada. Aquí es donde entra el concepto de Cielo, Tierra y Hombre (天时, 地利, 人和).

Entonces, ¿qué puede hacer por ti Qi Men Dun Jia? Hay 2 partes para esto:
1. Basado en la fecha u hora usada para cierta actividad, averigua cuál es el problema possible.
2. Elige una Buena fecha u hora para una actividad importante.

Por favor, toma nota que no muchos maestros de Qi Men están enseñando esto, ya que se considera un secreto guardado y no fácilmente revelado.

Matrimonio

Para algunas parejas casadas, ciertas cosas (malas) comienzan a suceder después del matrimonio. Esto podría ser debido a la fecha u hora incorrecta usadas. Entonces, por la fecha y hora elegida para el matrimonio, podemos usar Qi Men Dun Jia para averiguar cuál es el problema que sucedió o sucederá. Por ejemplo, incapacidad para concebir, una tercera persona entre ellos, divorcio, enfermedad o incluso muerte.

Para quienes se van a casar, podemos usar Qi Men Dun Jia para elegir una buena fecha u hora para el matrimonio para asegurar buenos resultados (p.ej. hijos o armonía)

Renovación de Casa

Algunas veces, elegir una fecha incorrecta para la renovación de la casa puede causar un efecto terrible. Basados en la fecha u hora, podemos usar Qi Men Dun Jia para averiguar cuáles son los malos efectos (ej., lesiones en el trabajo, bancarrota, etc.)

Por otro lado, usar Qi Men Dun Jia para elegir una fecha para la renovación de la casa, podemos asegurar buenos beneficios (armonía, riqueza, etc.)

Fengshui Yin

A veces, el mismo tipo de calamidad (ej., mismo tipo de enfermedad) podría caer sobre algún miembro de la familia después del funeral del ancestro. Esto podría ser debido a la fecha u hora incorrecta usada en el funeral. En base a la fecha u hora incorrecta usadas, las razones de calamidad y los miembros de la familia afectados puede determinarse usando Qi Men Dun Jia.

Utilizando Qi Men Dun Jia, podemos elegir una buena fecha u hora para rehacer el funeral asegurando buenas bendiciones a los descendientes.

Mudanza a una nueva casa

Podrían pasar cosas malas si se usa la fecha u hora incorrecta para la ceremonia de mudanza. Debido a esto, podría haber problemas potenciales de salud, lesiones, pérdida de empleo, de riqueza, etc. En base a la fecha u hora usada, todos estos efectos pueden calcularse usando Qi Men Dun Jia.

Para asegurar la prosperidad, buena salud y riqueza, una buena fecha u hora puede ser usada para la ceremonia de mudanza.

Algunos maestros etiquetan las técnicas anteriores como Fengshui Qi Men Dun Jia, pero para mí, esta es simple adivinación en base a fecha u hora usada para mudarse. Un Fengshui Qi Men Dun Jia "real" implica usar el Qi Men Dun Jia Bazi para comparar la casa de la persona. Esto incluye la dirección de la cama, así como el color adecuado para la gente que está en la casa.

Ceremonia de Apertura para Negocio

El enfoque clave del negocio es hacer dinero. Si no hay clientes, entonces afecta las ganancias. Por lo tanto, también es importante elegir una buena fecha u hora para la apertura del negocio. Elegir una fecha u hora incorrecta para la apertura del negocio tiene efectos terribles sobre el negocio.

Por ejemplo, elegir una hora que sea "Kong" resultará en mal patrocinio de los clientes. Podemos usar Qi Men Dun Jia para elegir una fecha u hora próspera para la apertura del negocio, calculando por el frente o descanso del negocio, el bazi del propietario y una buena fecha para optimizar el efecto Cielo, Tierra y Hombre (天时, 地利, 人和).

Entrevista o Examen

Encontrar un empleo y pasar un examen son peldaños importantes para una persona. Algunas veces, ir a una entrevista o examen en la fecha u hora errónea causará fracaso para conseguir el empleo o pasar el examen. Por lo tanto, elegir una buena fecha u hora es muy importante.

Puedes usar la Adivinación Qi Men Dun Jia para averiguar cuáles son las oportunidades para pasar y en base a esto, usa el Fengshui Qi Men Dun Jia para remediar. Alternativamente, puedes elegir una buena fecha u hora cuando vas a la entrevista o examen. Además, complementa usando la técnica Fengshui Qi Men Dun Jia para asegurar resultados óptimos.

Montaje de la cama

Qi Men Dun Jia tiene una brújula incorporada. Podemos usarla para "corregir" cierta condición. Montar la cama es otro método diseñado por mis maestros para hacer la corrección. Básicamente, antes de la fecha elegida, desarma la cama y deja el colchón sobre la pared por al menos 24 horas. En la fecha y hora específicas, rearma la cama y corrige la dirección.

La fecha y hora elegida es para lograr los resultados específicos que desea la persona. Por ejemplo, para quienes siempre están enfermos, pueden elegir una fecha u hora para mejorar la salud.

Otras formas de aplicación

Puedes usar Qi Men Dun Jia para:

- Elegir una buena fecha u hora para buscar riqueza que asegure buenas ganancias.
- Elegir una buena fecha u hora para apuestas de caballos, apuestas 4D, juegos de casino, pedir favor al jefe, negociación, audiencia judicial, presentación de demanda, etc.
- En base a la fecha y hora actual, encontrar una buena dirección o ubicación para esconderse, escapar (evitar ser arrestado).

Análisis del Destino

Qi Men Dun Jia puede ser usado para el análisis del destino. Como Zi Ping Bazi o Zi Wei Dou Shu, puedes usar tu fecha de nacimiento y trazar el mapa Qi Men Dun Jia. Puedes ver muchas cosas (o más) que en Zi Ping Bazi.

Tu mapa Qi Men Dun Jia Bazi es básicamente como tu brújula de vida. Te dice:

- ¿Qué tan buena es tu riqueza, ambas, riqueza directa e indirecta?
- ¿Qué tan buena es tu relación? Por ejemplo, tu relación con el cónyuge, hijos, padres, hermanos, jefe, quienes potencialmente te sabotearán (小人), quién es tu noble, etc.
- Eventos importantes que están pasando a tu cónyuge, hijos, padres o hermanos en base a tu Qi Men Dun Jia Bazi.
- Puedes usarlo para elegir una casa que se adecúe a tu Bazi y usar Fengshui Qi Men Dun Jia para mejorarla.
- Tu estatus de salud y cuáles son tus órganos débiles. Cuándo se manifestará tu enfermedad.
- Tu carrera; tipo de carrera que mejor te convenga, relación con tu jefe y el entorno. Ubicación de tu oficina que más convenga a tu Bazi.
- Visión para los negocios; adecuado para tener un negocio propio o simplemente mantener el empleo
- Colores que más te convengan en base a tu Qi Men Dun Jia Bazi.
- Secuencias de acontecimientos que están sucediendo o que van a suceder en tu vida entera.
- Hora de la Muerte.

Cambiar Nombre

Los chinos creían que lo siguiente impacta la vida de una persona:

一命，二运，三风水，四积功德，五读书，六名，七相，八敬神，九交贵人，十养生.

Traducido a:

1-Destino, 2-Suerte, 3-Fengshui, 4-Buenas acciones, 5-Educación, 6-Nombre, 7-Apariencia, 8-Respeto a Dios, 9-Redes, 10-Cultivar la vida.

Entonces, un buen nombre está en el rango 6to en la jerarquía de influencia. Por lo tanto, en base a tu mapa del Destino Qi Men Dun Jia, puedes usar el Qi Men Dun Jia para cambiar tu nombre para que complemente tu mapa del destino y, por lo tanto, mejore tu vida.

Fengshui

Puedo usar la adivinación Qi Men Dun Jia para averiguar la condición Fengshui de tu casa sin conocer dónde es y prescribir remedios Fengshui Qi Men Dun Jia para ti en base a la adivinación hecha. Puedo obtener la condición o situación de las personas que viven en la casa sin conocer su fecha de nacimiento.

Utilizando tu mapa del Destino Qi Men Dun Jia, podré decirte los defectos en tu mapa y prescribir remedios Fengshui Qi Men Dun Jia para ti. Así es como el Bazi hace el diagnóstico y el Fengshui la prescripción.

Cualquier defecto y problemas pueden ser arreglados usando el método de desarmar o armar la cama. Por ejemplo, cuando una pareja perfectamente saludable fracasa para tener hijos y no hay nada mal con su Bazi (según el Análisis del Destino Qi Men Dun Jia), el problema podría ser debido a la fecha errónea usada durante su boda. Otro ejemplo es que después de mudarse a la nueva casa, el esposo perdió su trabajo y esto se atribuye a la fecha de mudanza errónea. Entonces, al desarmar y rearmar la cama de Nuevo en una buena fecha u hora Qi Men, podemos cambiar la suerte de la persona. He ayudado a mis clientes que estaban al borde de bancarrota usando esta técnica.

Para quienes están en estado terrible, podemos usar el método Cambiando la Vida Qi Men Dun Jia y así cambiar la suerte que los rodea (ve el método Cambiando la Vida Qi Men Dun Jia).

Asuntos Religiosos

Por ultimo pero no menos importante, Qi Men Dun Jia puede ser usado en asuntos espirituales o religiosos. Existe un Talismán Qi Men Dun Jia que puede ser usado como remedio. Se selecciona una buena fecha y hora para "bendecir" el Talismán y asegurar la efectividad. La Selección de Fecha Qi Men Dun Jia puede ser usada para elegir una buena fecha y hora para realizar asuntos religiosos.

Además, también puedes elegir una buena fecha y hora para asuntos espirituales. Esto puede mejorar aún más poder estar en un lugar con buen Fengsui.

Tu mapa del Destino Qi Men Dun Jia puede ser usado para leer información sobre tu vida pasada. Esto está más relacionado a lo que hiciste en tu vida pasada.

Método Qi Men Dun Jia Para Cambiar la Vida

Método Qi Men para Cambiar la Vida (种生基)

En Qi Men Dun Jia, hay una técnica que ayudará a cambiar la vida de una persona. Esta técnica está celosamente guardada y se considera como el salvavidas de la persona en estado calamitoso. Este Método Qi Men para Cambiar la Vida puede ser usado para cambiar una situación de bancarrota, mejorar la salud, mejorar la relación entre esposo y esposa o incluso cambiar una situación de vida o muerte.

No muchos maestros conocen esta técnica, ya que require el dominio para obtener cierto "Dao" (道) o cierto nivel de iluminación para realizar esto. Esta es una técnica muy peligrosa y cuando se usa erróneamente, causará malos efectos sobre el maestro así como en la vida de la persona que necesita el cambio.

¿Cuál es el Método Qi Men para Cambiar la Vida?

Es básicamente una técnica que hace uso del aspecto del Cielo, Tierra y Hombre (天时地利人和). El Cielo (天时) es para elegir una buena fecha y hora utilizando la Hora Qi Men Dun JIa. La Tierra (地利) es básicamente para elegir un buen lugar Fengshui en base al propósito que esta persona quiere lograr. El Hombre (人和) está usando el ADN de esta persona para activar la combinación de Cielo, Tierra y Hombre y aprovechar la energía del universo utilizando Qi Men Dun Jia y lograr los resultados deseados.

Por ejemplo, si una persona está al borde de la bancarrota, se necesita elegir una buena fecha y hora que coincidan con el Bazi de la persona. Este es el aspecto Cielo (天时). Luego, debe elegirse un buen lugar que haga pasar la riqueza y esto es conocido como el aspecto Tierra (地利). Finalmente, las uñas, el cabello, la ropa interior y el Bazi serán colocados en una caja. La caja será enterrada en el lugar elegido a la hora elegida. Esto forma el aspecto Humano (人和). Esto es por lo que este método algunas veces es conocido como la Tumba de la Vida (生墓).

Este método fue especialmente diseñado por todos mis maestros. Por ejemplo, si quieres incrementar tu riqueza, tu ADN debe ser plantado en un lugar que incremente la riqueza. Es como un depósito fijo en el banco. Depositas tu ADN para cobrar interés mensual. No se hace ningún daño al banco ni a otros. Asimismo, no causará daño al entorno ni a otras personas. Como un depósito fijo, puedes también depositar tu dinero en muchos bancos para ganar más interés. Para el Método Qi Men de Cambiar la Vida, puedes depositar tu ADN en varios entornos Fengshui para alcanzar la buena energía y ganar "intereses" de él.

La mayoría de los métodos que son publicados están usando la tumba para enterrar el ADN. Sin embargo, el método que fue transmitido por mis grandes maestros no necesariamente requiere una tumba. Necesitamos un lugar que tenga buen Fengshui para un propósito específico. Por ejemplo, para incrementar la riqueza, necesitamos un lugar que tenga buen Fengshui para la riqueza.

Adivinación vs Destino

Lectura de Adivinación y Destino

Muchas personas me han preguntado qué tan exacta es la lectura de la adivinación y el destino. Algunos me preguntaron por qué la lectura del destino es tan exacta cuando se leen eventos pasados, pero no tan exacta para predecir el futuro. La mayoría pregunta, ¿podemos cambiar nuestro destino?

Los chinos tienen un dicho: 人可信命但不可任命. Significa que los humanos pueden creer en el destino pero no pueden dejarlo al destino. Creer en el destino significa abrazar lo que tienes y trabajar sus ventajas y desventajas. Por ejemplo, si estás en suerte mala, mantente bajo, prepárate y espera tu buena suerte. Cuando estás en suerte buena, entonces debes salir con todo. Si lo dejas al destino, entonces básicamente no estás haciendo nada.

Hay un cuento de una persona de ingresos medios que fue por un análisis del destino. Se le dijo que sería millonario en 5 años. Durante los 5 años, permaneció en casa esperando que llegara el momento. No hizo nada, entonces enfermó y murió. Cuando llegó al otro mundo, el jefe investigador le preguntó por qué estaba ahí cuando no era su momento. Según su registro, se suponía que sería rico y preguntó al dios de la riqueza por qué no le entregó su dinero. El dios de la riqueza le respondió que él estaba ahí y tocó la puerta, pero nadie respondió. La persona estaba tan enferma que no pudo abrir la puerta. Entonces, la moral de la historia es que cuando llegue tu momento de ser rico, necesitas ser físicamente capaz para aceptar la riqueza.

¿Qué es Adivinación?

Dictionary.com define adivinación como:

1. La práctica de intentar presagiar los acontecimientos futuros o descubrir conocimiento escondido por medios ocultos o sobrenaturales.
2. Augurio; profecía: *La adivinación del sumo sacerdote se cumplió.*
3. Percepción por intuición; prevision instintiva.

Es definido como "oculto" o "sobrenatural", ya que no puede ser explicado científicamente.

En Metafísica China, la adivinación proporciona un "asomo" en los eventos futuros. Sin embargo, el resultado real depende de muchos factores. Aquí están algunos de los escenarios posibles:

1. La persona pregunta, después de conocer el resultado, no hace nada al respecto.
2. La persona pregunta, después de conocer el resultado, reacciona negativamente al respecto.
3. La persona pregunta, después de conocer el resultado, decide hacer algo al respecto.

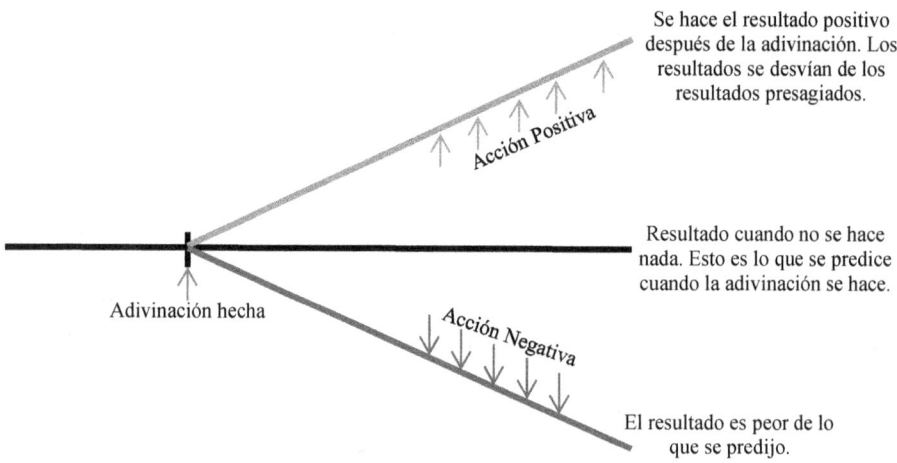

Por ejemplo, una persona viene a preguntar sobre su situación marital y el resultado del presagio es que la persona se divorciará en 2 meses. Si no hace nada al respecto, entonces el resultado se hará realidad en los siguientes 2 meses. Sin embargo, si ha decidido salvar la relación y hace todo lo que puede para recuperar a su esposa, entonces la situación podría cambiar (es decir, él puede llevarla de vacaciones por 2 meses).

Entonces, ¿significa que el sistema de adivinación no es exacto? No realmente. Depende de muchos factores:

1. Cómo está siendo hecha la pregunta y el antecedente que rodea la pregunta (explicaré esto más adelante).

2. Cómo reacciona la persona a los resultados del presagio (como se describe arriba).
3. Cualquier circunstancia desconocida que podría afectar el resultado.

¿Por qué hacer la pregunta correcta es importante?

Un amigo mío fue a una entrevista de padres voluntarios y me preguntó si la entrevista sería exitosa. Entonces, tracé el mapa y usé el Tronco del Día genérico para representarlo. En el palacio, estaba Sǐ Mén y estaba en una situación restringida con Tiān Fǔ, representando al entrevistador. Por lo tanto, le dije que su entrevista no sería exitosa. Unos días después, me informó que fue seleccionado. Al principio estaba perplejo. Me dijo que la entrevista era un grupo donde todos los padres fueron entrevistados al mismo tiempo. Por lo tanto, usar el Tronco del Día para representarlo fue incorrecto, ya que en esta situación (entrevista de grupo), el Tronco del Día representa a todos los padres. Entonces, cuando usé su año de nacimiento para representarlo, pude ver el resultado "correcto" para el mapa trazado.

Lección aprendida; siempre busca el antecedente y naturaleza de la pregunta antes de predecir el resultado.

¿Cuáles son las circunstancias desconocidas?

Sólo sabemos lo que sabemos y no sabemos lo que no sabemos. Como se desconoce, entonces no hay manera de que podamos averiguarlo. Sólo podemos reaccionar en base a la información disponible. Como en el ejemplo anterior, cuando la persona actúa, el resultado será diferente de lo que fue presagiado. ¿Significa esto que la adivinación ya no puede ser usada? La respuesta es No. Siempre podemos hacer otra adivinación cada vez que cambian las circunstancias (es decir, la persona actúa o un nuevo descubrimiento).

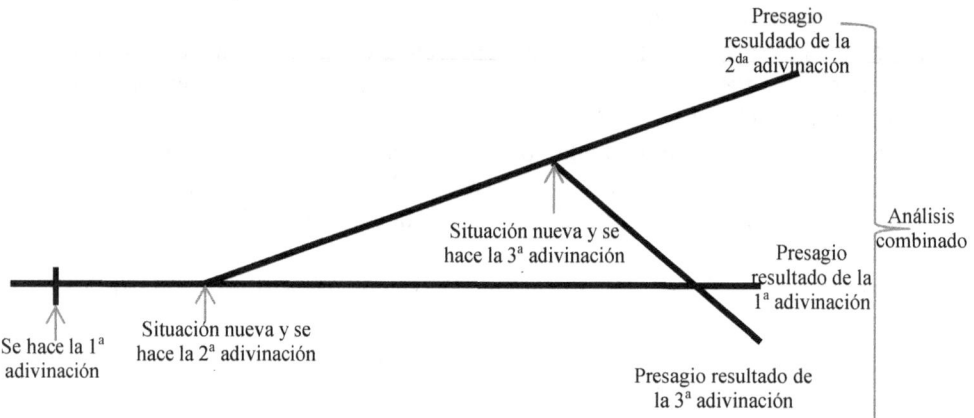

¿No es la situación anterior: qué va a pasar con el avión perdido? Las cosas estarán cambiando rápidamente.

Aquí está un ejemplo de cómo puedes hacer uso de los resultados de la adivinación a tu favor. Esta adivinación fue hecha por una de mis estudiantes. Su padre se quejaba de ver doble con el ojo izquierdo. Ella llevó a su padre a ver un especialista en ojos, le hizo RM, pero no pudo encontrar nada mal. Entonces, ella hizo una adivinación. Aquí está el mapa:

Hora	Día	Mes	Año
Gui	Yi	Ding	Jia
Wei	You	Mao	Wu

YangDun#7 Hora: **GuiWei** ; 直符(ZhíFú): **天任 (Tiān Rèn)** ; 直使(ZhíShǐ): **生门 (Shēng Mén)** ; 旬首(XúnShǒu): **JiaXuJi**

螣蛇 (Téng Shé) 天冲 (Tiān Chōng) 杜门 (Dù Mén) Xun 4 Gui Ding	太阴 (Tài Yīn) 天辅 (Tiān Fǔ) 景门 (Jǐng Mén) Li 9 Ding Geng	六合 (Liù Hé) 天英 (Tiān Yīng) 死门 (Sǐ Mén) Kun 2 Geng Ren/Bing
值符 (Zhí Fú) 天任 (Tiān Rèn) 伤门 (Shāng Mén) Zhen 3 Ji Gui	YangDun#7 Hora: GuiWei ©Calvin Yap	白虎 (Bái Hǔ) 禽芮 (Qín Ruì) 惊门 (Jīng Mén) Dui 7 Ren/Bing Wu
九天 (Jiǔ Tiān) 天蓬 (Tiān Péng) 生门 (Shēng Mén) Gen 8 Xin Ji	九地 (Jiǔ Dì) 天心 (Tiān Xīn) 休门 (Xiū Mén) Kan 1 Yi Xin	玄武 (Xuán Wǔ) 天柱 (Tiān Zhù) 开门 (Kāi Mén) Qian 6 Wu Yi

Por el mapa, la estrella de enfermedad 天芮 (Tiān Ruì) está en el Palacio Dui 7 y no hay indicio de que haya nada malo con sus ojos. Además, está en Kong. Entonces, la enfermedad no puede ser detectada.

Ten en cuenta que el Tronco Celeste de la Hora Gui está en el Palacio Xun 4 con 杜门 (Dù Mén) y 螣蛇 (Téng Shé). Por lo tanto, el asunto preguntado estará atorado. Entonces, la pregunta sobre la salud estará atorada. Ella estaba en un dilemma. 天心 (Tiān Xīn) representa doctor, que está en el Palacio Kan 1 con 休门 (Xiū Mén) y 九地 (Jiǔ Dì). 休门 (Xiū Mén) significa que el doctor está relajado. 九地 (Jiǔ Dì) también significa bajo o deficiente. Entonces el doctor no realizó un examen minucioso en él.

Por lo tanto, le aconsejé buscar una segunda opinión en un día Bing, Ren o You, cuando 天芮 (Tiān Ruì) está llena.

El 15 de Abril, 2014, que era un día Bing Chen, ella llevó a su padre a ver otro doctor. En 10 minutos, el doctor diagnosticó que su padre tenía prediabetes y el examen de sangre lo confirmó. Ella me dijo que, de hecho, fue a ver a otro doctor y el doctor le pidió hacerse una cirugía de párpados caídos.

En lugar de escuchar al segundo doctor y hacerse la cirugía de párpado, ella decidió seguir el mapa y buscar la opinión de otro doctor en base a la información obtenida por la adivinación. Ellos se beneficiaron del sistema de adivinación reaccionando y usando la información obtenida. ¿Significa esto que la adivinación no es correcta ya que el mapa mostraba que la enfermedad no podía ser detectada pero se confirmó que el problema era debido a diabetes leve?

Lectura del Destino

En la antigüedad, la vida de una persona estaba clasificada como 富 (Fù) - Rica, 貴 (Guì) – Noble, 貧 (Pín) - Pobre or 賤 (Jiàn) – Despreciable. En la antigua China, una persona Noble (貴) podría no ser una persona Rica (富). Algunos querían permanecer pobres y nobles. Sin embargo, en la sociedad moderna actual, la mayoría de las personas Nobles son Ricas y la mayoría de los Ricos pueden 'comprar' nobleza. Entonces, coloca al Rico y al Noble en el mismo nivel:

Los Pobres son las personas que necesitan trabajar duro para ganarse la vida. Desde luego que su único deseo es mover la cadena para volverse Ricos y Nobles.

El Despreciable es el paria, pordiosero, prostitutas, alcahuetes, etc. Harán cosas para ganarse la vida que son anormales o socialmente no aceptables por la sociedad.

Entonces, ¿significa que alguien que nació con una vida Despreciable (según el Análisis del Destino) no será Rico y Noble? La respuesta es No.

Existe la historia sobre una pordiosera ciega en Saudi que había mendigado por 50 años muriendo repentinamente y dejó 3 millones de SR en efectivo, joyas, oro con valor de SR 1 millón y cuatro edificios.

(http://www.arabnews.com/news/541011)

Creyendo o dejándolo al Destino

Los chinos tienen un dicho: 人可信命但不可任命 (El humano puede creer en el destino, pero no puede dejarlo al destino).

Creer en el destino significa abrazar lo que tienes y trabajar sus ventajas y desventajas. Por ejemplo, si estás en ciclo de suerte mala, mantén un perfil bajo, prepárate y espera tu buena suerte. Cuando estás en suerte buena, entonces debes salir con todo. Si lo dejas al destino, entonces básicamente no estás haciendo nada para mejorar tu vida.

Confucio decía: 不知命，无以为君子也 (Bù Zhī Mìng Wú Yǐ Wéi Jūn Zǐ Yě). Las personas que no entienden el Destino, no son caballeros. Básicamente, Confucio decía que cada ser humano necesita entender y actuar según su destino. Si no, ¿cómo se convierte en caballero?

Destino – Ciclo de suerte

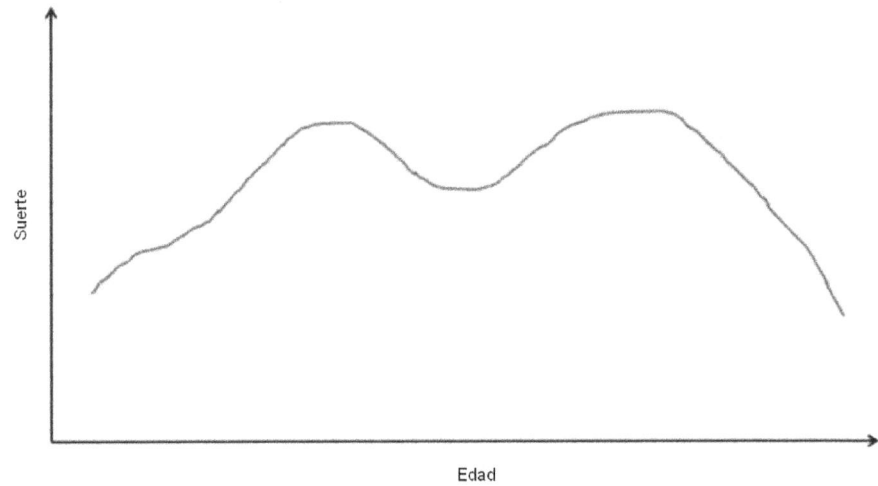

Todos atravesarán altibajos en ciertos momentos. Esto se llama ciclo de suerte y fluctuará durante toda la vida de la persona. De hecho, un ciclo de suerte no es una línea delgada como el diagrama anterior:

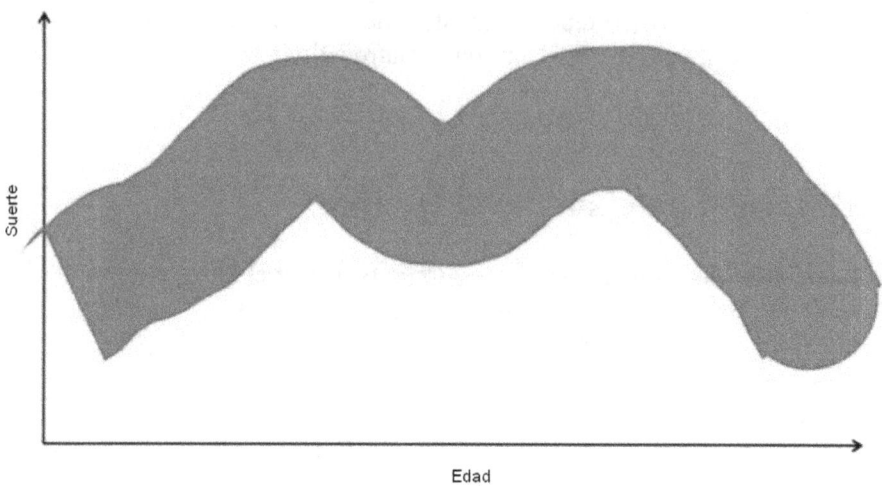

En realidad es muy gruesa. Esto formará un límite de tu suerte dentro de un tiempo determinado. Entonces, la idea clave es maximizar tu suerte; independientemente de si está arriba o abajo. Presiona al máximo para lograr resultados óptimos, como se muestra en el siguiente diagrama:

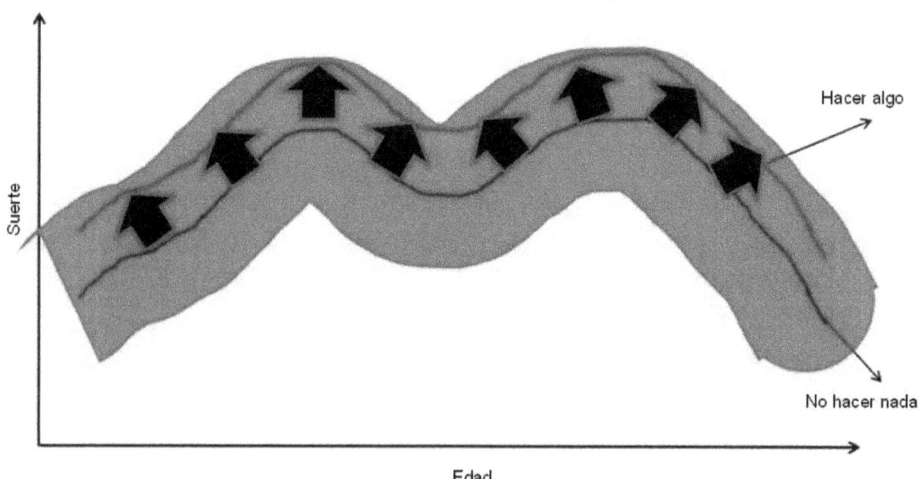

Si no haces nada, entonces tu suerte será mediocre. Si la mejoras, presiona al máximo para obtener el beneficio máximo. Esto es independiente de si estás en suerte buena o mala. Desde luego que cuando estás en mala suerte, tus beneficios serán menos, ¡pero es mejor que no tenerlos!

Bazi es el diagnóstico mientras que Fengshui es la prescripción

Los antiguos sabios chinos decían: 一命, 二运, 三风水 (uno: Destino, dos: Suerte y tres: Fengshui). Básicamente, significa que debes tener un buen destino, si es que falla, es mejor que tengas buena suerte. Sin embargo, si tienes mal destino y buena suerte, entonces tu Fengshui necesita ser bueno.

En Metafísica China, Destino y Suerte pueden derivarse de tu fecha de nacimiento. Esto también se conoce como Bazi. Fengshui se refiere al lugar donde vives o trabajas. Aunque tu mapa Bazi es fijo, tu suerte no. Es influenciada por el entorno así como la Energía Anual (conocida como Tai Sui). Todos saben que en la vida siempre hay altibajos. No existe tal cosa como absoluta, como en la teoría Yin-Yang.

Para resumir: Bazi = 一命, 二运 (uno: Destino, dos: Suerte). Fengshui = 三风水 (tres: Fengshui). Por Bazi podemos deducir cuáles son los altibajos que te van a suceder. Así, el Bazi puede darte indicaciones de lo que va a pasar. Esto es por lo que el Bazi es el diagnóstico. Por ejemplo, los cambios en la carrera, relaciones, riqueza, salud, etc. Podría ser bueno o podría ser malo.

Entonces, si tu Bazi indica que hay ganancia inesperada y el Fengshui de tu casa lo apoya, entonces conseguirás grandes ganancias inesperadas. Por otro lado, si el Fengshui de tu casa no lo apoya, podrías terminar perdiéndolo. Esa es la parte prescripción del Fengshui.

Sin embargo, si el Fengshui de tu casa no apoya o coincide con tu Bazi, entonces tendrás una mala "prescripción". En el caso de Whitney Houston, ella no hubiera muerto si se hubiera mudado de casa. Su casa tiene una mala "prescripción" que no coincide con su Bazi. El mismo patrón puede encontrarse en el Bazi de Elizabeth Taylor y su casa.

En nuestra práctica de Qi Men Dun Jia, usamos el Qi Men Dun Jia como base y se compara con el Fengshui de la casa para proporcionar el diagnóstico y también los ajustes Fengshui (prescripción apropiada) usando la técnica Fengshui Qi Men Dun Jia.

El Bazi Qi Men Dun Jia puede proporcionar información sobre la buena ubicación o dirección para la riqueza. Puedes ir a sea buena ubicación para buscar la riqueza. Una buena ubicación o dirección para la riqueza puede ayudar a incrementar tus oportunidades de mejorar enfermedades.

En resumen, Bazi Qi Men Dun Jia proporcionará un mapa de tu vida. Tienes la opción de ajustarlo utilizando el Fengshui o a través de acciones.

Cómo maximizar tu suerte

Los antiguos sabios dieron la fórmula para maximizar tu suerte. Son:

一命，二运，三风水，四积德，五读书，六名，七相，八敬神，九交贵人，十养生。

1. Destino
2. Suerte
3. Fengshui
4. Hacer buenas obras (Karma)
5. Estudiar
6. Buen nombre
7. Cambiar tu apariencia o actitudes
8. Pedir bendiciones (Espiritual)
9. Obtener ayuda de contactos (Noble)
10. Auto-cultivación

Destino y suerte ya se comentaron. Fengshui, será un tema amplio. Pero usando el Qi Men Dun Jia como método, podemos usar la Adivinación para echar un vistazo y actuar como corresponde con tus propias acciones. Puedes usar Sun Tzu, el arte de la guerra o 36 Estratagemas para la estrategia en la acción. En una macro perspectiva, podemos usar el Análisis del Destino Qi Men Dun Jia y acoplarlo con Fengshui Qi Men Dun Jia para impulsar tu suerte y protegerte cuando tu suerte sea baja. En una micro perspectiva, podemos usar Selección de Fecha Qi Men Dun Jia para asegurar que logres los resultados que quieres.

Los antiguos sabios nos aconsejaban hacer más buenas obras. Esta es la ley más básica de la naturaleza. Cuando haces buenas obras como ayudar a otros, naturalmente cuando tú necesites ayuda, otros te ayudarán.

Estudiar es básicamente incrementar tu conocimiento. Mientras más aprendas, mejor informado estarás y más sabio serás. Por ejemplo, si aprendes Qi Men Dun Jia, tendrás el conocimiento para mejorar tu vida.

Los cantoneses tienen un dicho: 唔怕生壞命，最怕改壞名 Significa: no temas tener un mal destino, es peor tener un mal nombre.

Científicamente, ha sido probado que tu nombre realmente influye en cómo la gente te percibe. Aquí hay dos artículos para lectura futura:

- ¿Puede tu nombre impedir que consigas un empleo? (http://money.cnn.com/2009/08/26/news/economy/applicant_names/)
- Cómo influyen los nombres en nuestros destinos (http://theweek.com/article/index/225232/how-names-influence-our-destinies)

Entonces, desde el punto de vista de la Metafísica China, además de tener un nombre socialmente aceptable, el nombre tiene que apoyar el destino de la persona. Por ejemplo, si el elemento Fuego es benéfico para la persona en base a su análisis del destino, entonces el nombre debe tener elemento Fuego.

"Tu actitud, no tu aptitud, determinará tu altitud" –Zig Ziglar. Por lo tanto, tener una buena actitud es importante. Dicho de Buda: 有心无相，相由心生；有相无心，相由心灭. Significa: cuando tengas el corazón pero no la apariencia, el corazón cambiará la apariencia para ser mejor. Cuando tengas la apariencia pero no el corazón, entonces tu apariencia cambiará para ser peor. Esto es por lo que tu pensamiento y actitud cambiarán tu apariencia. Esto cambiará la percepción de la gente sobre ti.

Pedir bendiciones es básicamente cultivación espiritual.

El 9no es contactos. A través de los contactos podrás obtener ayuda de personas que también son conocidas como tus nobles.

Por último, pero no menos importante, la auto-cultivación es la manera de mejorar tu bienestar. Esto puede hacerse embarcándote en cultivación espiritual como meditación, cantos o estilo de vida saludable como la práctica del Qigong. La mente saludable tendrá un cuerpo saludable.

Entonces, ahora sabes por qué la misma persona que nace en la misma fecha y lugar no tiene el mismo destino. Esto es porque sólo los primeros dos puntos (destino y suerte) son los mismos. El resto es diferente. Incluso los gemelos que viven en la misma casa con los mismos padres tienen diferentes karmas, nombres, actitudes y encontrarán diferentes personas. Entonces, muchas personas nacieron en la misma fecha de Bill Gates, pero sólo hay un millonario Bill Gates.

¿Por qué la Lectura del Destino es exacta cuando se lee el pasado?

Me preguntan esto todo el tiempo. Esto es porque no tienes el equipaje para conocer el futuro antes de la lectura del destino. Sin embargo, después de una lectura de destino, tu mente subconsciente entra en acción y sin que lo sepas, tu mente reaccionará a la información proporcionada durante la lectura. Además, podrías decidir actuar en lugar de dejarlo al destino.

Hay un libro escrito por Yuan Liao-Fan en el Siglo XVI con el título: *Cuatro Lecciones de Liao Fan*. Este libro fue pensado para enseñar a su hijo cómo reconocer la verdadera cara del destino, decir lo bueno de lo malo, corregir las fallas y practicar obras buenas. También proporciona pruebas de las recompensas y resultados de personas que practicaron obras buenas y cultivaron la virtud y la humildad. Básicamente, el libro habla de su propia experiencia cambiando el destino. Puedes encontrar este libro traducido al inglés en internet.

¿Cómo puedes maximizar tus oportunidades usando Qi Men Dun Jia?

La Adivinación Qi Men Dun Jia puede proporcionar un vistazo del resultado. Esto ayuda a darte información para que tomes las acciones apropiadas. Como Sun Tzu decía: conócete y conoce a tu enemigo, ganarás cien guerras. Así, usando cada escenario como guerra, realizas la adivinación Qi Men Dun Jia para entender a tu "enemigo". Luego usas la acción apropiada (conocerte tú mismo) a tu favor para ganar la "guerra".

El Bazi Qi Men Dun Jia puede ser usado como base para una decisión importante. Por ejemplo, para asegurar que la casa donde vives te apoyará en tus esfuerzos futuros. Puedes elegir una casa con buen descanso que coincida con tu Bazi Qi Men Dun Jia (Ve Lectura del Destino anterior).

Para asegurar resultados óptimos, puedes usar Selección de Fecha Qi Men Dun Jia para elegir una buena fecha para ejecutar tu plan. La Selección de Fecha Qi Men Dun Jia es un proceso complejo y normalmente lleva semanas para encontrar una buena fecha. Sin embargo, he simplificado el proceso y creado un software para que lo usen los estudiantes. Una buena fecha puede encontrarse en minutos.

Por precaución y resultados duraderos, puede usarse Fengshui Qi Men Dun Jia. Bazi Qi Men Dun Jia y Fengshui Qi Men Dun Jia pueden usarse para mejorar tu Bazi, así como para remediar cualquier déficit. Para problemas más serios, puede usarse Tumba Vida Qi Men Dun Jia.

Zi Ping Bazi

vs

Bazi Qi Men Dun Jia

Zi Ping Bazi

Cuando la gente habla sobre el Análisis del Destino o los cuatro pilares del destino, todos pensarán en Bazi o Zi Wei Dou Shu. El Bazi que todos conocemos es el Zi Ping Bazi. El sistema actual de Análisis del Destino se basó en el sistema mejorado por Xu Da Sheng (徐大升) también conocido como Xu Zi Ping (徐子平). Vivió durante la Dinastía Song (960 – 1279). Antes de su tiempo, se usaba el Pilar del Año (Tronco Celeste y Rama Terrenal del Año) para leer el destino. Xu Zi Ping racionalizó y usó el Pilar del Día para representar a la persona y el resto para derivar 6-relaciones (Ancestros, Padres, Hermanos, Hijos, etc.). También inventó el sistema de 10-dioses para proporcionar más información. Además, también reformó algo del sistema Shen Sha para hacerlo más estructurado.

Un ejemplo del mapa Zi Ping Bazi es como sigue:

Mapa del Destino:

Hour 时	Day 日	Month 月	Year 年
丁	庚	壬	丙
丑	辰	辰	寅
辛己癸	癸戊乙	癸戊乙	戊甲丙

Este fue calculado utilizando el Calendario Solar Chino. (Nota: algunos maestros usan el Calendario Lunar para trazar el Mapa del Destino). Por el Mapa del Destino, se deriva el Ciclo de Suerte:

85	75	65	55	45	35	25	15	5
癸	甲	乙	丙	丁	戊	己	庚	辛
未	申	酉	戌	亥	子	丑	寅	卯

El Ciclo de Suerte consta de 10 años para cada Pilar (Tronco Celeste y Rama Terrenal). Da información general de suerte para esos 10 años. En este ejemplo, Xin Mao (辛卯) es la suerte de 5-14 años de edad.

Bazi Qi Men Dun Jia

Qi Men Dun Jia fue usado por primera vez por 黃帝 (el Emperador Amarillo, Huáng Dì- 2697 a 2597 AC) hace alrededor de 4,500 años. Si consultas la sección de introducción, personas famosas como 诸葛亮 (Zhūgě Liàng), 姜子牙 (Jiāng Zǐyá) y 張良 (Zhāng Liáng) ya usaban Qi Men Dun Jia antes de que el Zi Ping Bazi fuera inventado.

Muchas personas saben que Qi Men Dun Jia se usa como herramienta militar, pero muchos no saben que Qi Men Dun Jia puede ser usado para el análisis del destino y Fengshui también. ¿Por qué es así? Esto es debido a que en la antigüedad, el Qi Men Dun Jia sólo era usado por el emperador y sus consejeros. Los plebeyos que practicaban Qi Men Dun Jia eran ejecutados. Por lo tanto, lo que estoy revelando aquí ¡fue mantenido en secreto para los plebeyos por alrededor de 4,000 años y cerca de 5,000 años para los occidentales o personas de habla inglesa!

Trazar un mapa Qi Men Dun Jia por el Bazi es de la misma manera que trazar un mapa Qi Men Dun Jia normal. Sólo usa la fecha de nacimiento de la persona para averiguar el Dun y el Ju. Luego trázalo como corresponde.

El mapa Bazi Qi Men Dun Jia consta de 2 partes:

- 4 Pilares que es similar al Zi Ping Bazi
- Mapa Qi Men Dun Jia

4 Pilares

En Bazi Qi Men Dun Jia, el Tronco Celeste del Año representa padres, el Tronco Celeste del Mes representa hermanos, el Tronco Celeste del Día te representa y el Tronco Celeste de la Hora representa tu descendencia.

Qi Men Dun Jia

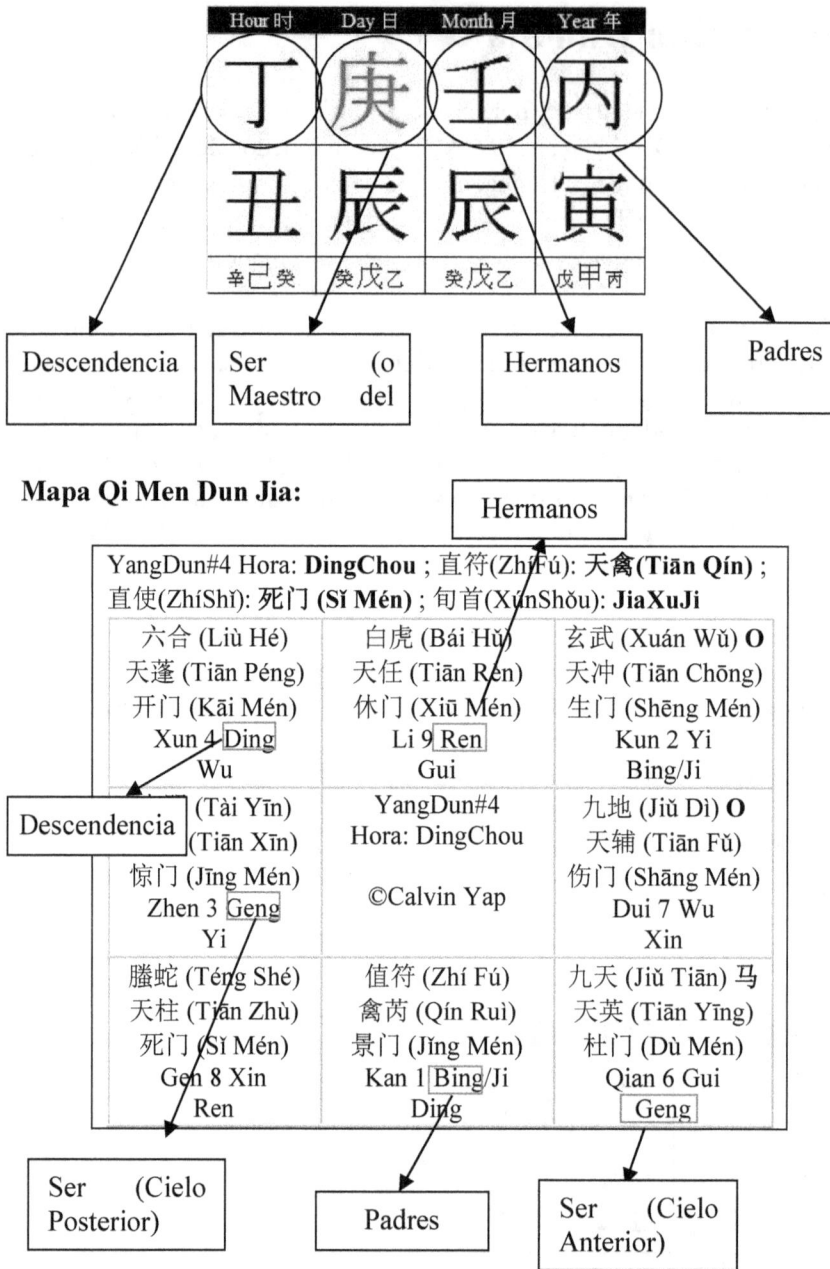

Mapa Qi Men Dun Jia:

Para Bazi Qi Men Dun Jia, no hay ciclo de suerte de 10 años como en Zi Ping Bazi. Tu suerte se obtiene en base anual. Como regla general, siempre que el Tronco Celeste y la Rama Terrenal de ese año en particular (también conocido como Tai Sui) residan en el Palacio que está en situación de restricción con tu Tronco Celeste del Día, entonces podemos predecir que no es un buen año para ti. Sin embargo, si tu Tronco Celeste del Día tiene el apoyo del Tai Sui anual, entonces será un buen año para ti.

Las mismas reglas pueden usarse para predecir eventos que sucedan a una persona. Por ejemplo, cambios en la carrera, relaciones, salud, etc.

Para la lectura Bazi Qi Men Dun Jia, puede leerse la siguiente información:

- Carácter
- Logros académicos
- Relación con el cónyuge, hermanos, padres y descendencia
- Carrera
- Suerte de riqueza
- Acontecimientos anuales
- Salud
- Muerte

El Dios Útil apropiado es necesario para la lectura Bazi Qi Men Dun Jia.

¿Cuáles son mis elementos favorables?

Conversando con una de mis estudiantes en mi clase Qi Men Dun Jia, me pidió ayudarla a calcular su(s) elemento(s) favorable(s) en base a su Bazi.

Le dije, "depende…"

Ella dijo: "¿Qué quieres decir por depende? Todo lo que necesitas es ver mi Bazi y decirme cuáles son mis elementos fuertes y débiles. De ahí, puedes encontrar cuáles son mis elementos favorables." Continuó trazando su mapa Bazi usando el método Zi Ping en su iPhone. Me mostró los 4-Pilares (u 8-Caracteres, por eso se llama BaZi) y me pidió calcular.

Le dije: "Primero, aun cuando uso el método Zi Ping, no uso fuerte o débil para leer el mapa. Segundo, estoy usando el método Qi Men Dun Jia y todo depende de lo que buscas. Un elemento favorable para la Riqueza podría ser un elemento desfavorable para la Salud. Entonces, ¿qué quieres?

Se quedó sin habla. Entonces, continué trazando su mapa Bazi usando Qi Men Dun Jia y le expliqué cuál era su enfermedad potencial, dónde está su sector riqueza y elementos asociados. También le aconsejé soluciones para mitigar la enfermedad que tiene. También pregunto si ella tenía la suerte del cielo anterior para aprender Metafísica China. Le dije que sí. Ella terminó tomando la clase Bazi de Master Ye.

YangDun#4 Hora: **DingChou** ; 直符(ZhíFú): 天禽(**Tiān Qín**) ; 直使(ZhíShǐ): **死门 (Sǐ Mén)** ; 旬首(XúnShǒu): **JiaXuJi**		
六合 (Liù Hé) 天蓬 (Tiān Péng) 开门 (Kāi Mén) Xun 4 Ding Wu	白虎 (Bái Hǔ) 天任 (Tiān Rèn) 休门 (Xiū Mén) Li 9 Ren Gui	玄武 (Xuán Wǔ) O 天冲 (Tiān Chōng) 生门 (Shēng Mén) Kun 2 Yi Bing/Ji
太阴 (Tài Yīn) 天心 (Tiān Xīn) 惊门 (Jīng Mén) Zhen 3 Geng Yi	YangDun#4 Hora: DingChou ©Calvin Yap	九地 (Jiǔ Dì) O 天辅 (Tiān Fǔ) 伤门 (Shāng Mén) Dui 7 Wu Xin
螣蛇 (Téng Shé) 天柱 (Tiān Zhù) 死门 (Sǐ Mén) Gen 8 Xin Ren	值符 (Zhí Fú) 禽芮 (Qín Ruì) 景门 (Jǐng Mén) Kan 1 Bing/Ji Ding	九天 (Jiǔ Tiān) 马 天英 (Tiān Yīng) 杜门 (Dù Mén) Qian 6 Gui Geng

Usando el mapa anterior como ejemplo, su elemento Riqueza es Tierra. Esto es debido a que Shēng Mén está en el Palacio Kun 2, que es Tierra. Sin embargo, la Tierra también es su elemento malo, ya que Sǐ Mén está en el Palacio Gen 8, que también es Tierra. Entonces, un practicante de Bazi Qi Men Dun Jia tendrá que prescribir un tipo diferente de remedio Fengshui Qi Men Dun Jia en base a esta información.

Si ella quiere mejorar su carrera, el Yong Shen (Dios Útil) para la carrera es Kāi Mén y su Kāi Mén está en el Palacio Xun 4.

Sin embargo, el "elemento favorable" debe tomar en consideración el Tai Sui anual, etc. Así, esta dinámica depende del mapa y del ciclo en que estás.

En Fengshui Qi Men Dun Jia, prescribimos remedios específicos para necesidades específicas. No hay elementos "favorables" o "desfavorables" en Qi Men Dun Jia. Todo se basa en tus necesidades en ese punto de tiempo particular –coincide con la teoría de Cielo, Hombre y Tierra.

Selección de Fecha Qi Men Dun Jia

Historia de la Selección de Fecha

La Selección de Fecha existe desde la Dinastía Xia. Fue registrada en el gran libro de los ritos （大戴礼记）. Cuando llegaba la Primavera y el Otoño, se volvía regla que el emperador eligiera fecha para realizar tareas importantes. En ese tiempo, el famoso emperador Gōu Jiàn había elegido una fecha específica para regresar del Reino de Wu al Reino de Yue.

Desde la dinastía Qin hasta la dinastía Han, la selección de fecha se volvió común. Durante la dinastía Han Oriental, los 6-años de madera registraron el método de 12-oficiales que era usado. Son 建 (Jiàn) – Establecer, 除 (Chú) – Eliminar, 满 (Mǎn) – Llenar, 平 (Píng) – Equilibrar, 定 (Dìng) – Calmar, 执 (Zhí) – Iniciar, 破 (Pò) – Destruir, 危 (Wēi) – Peligro, 成 (Chéng) – Lograr, 收 (Shōu) – Recibir, 开 (Kāi) – Abrir y 闭 (Bì) – Cerrar. Esto estaba enterrado en una de las tumbas de la dinastía Han.

Durante la era Wei, Jin y Norte/Sur, donde había guerras y disturbios frecuentes, se usaba la selección de fecha cuando se desplegaba el ejército.

La Selección de Fecha comenzó a madurar durante la dinastía Song. En el calendario de la dinastía Song, el Tai Sui era oficialmente marcado en el calendario y oficialmente llamado como el general principal para el año. Además, se daban advertencias sobre el resultado de hacer renovación en el sector del Tai Sui. Por lo tanto, el sistema San Sha era publicado para los plebeyos para evitar que fueran en su contra.

Cuando llegó la dinastía Qing, eran usados muchos tipos de métodos de Selección de Fecha. Todos estos sistemas producían resultados contradictorios y esto confundía a la gente. Durante el tiempo del emperador Kang Xi, un famoso erudito, Li Kwang Di, bajo la instrucción del emperador Kang Xi escribió 36 volúmenes de información sobre astrología y selección de fecha. Más adelante, el emperador Qian Long comisionó la corrección y compiló la información en 协纪辨方书 (Xié Jì Biàn Fāng Shū). El emperador también comisionó un proyecto para publicar un almanaque anual para que los plebeyos lo usaran. Desde entonces, la selección de fecha ha sido parte de la práctica diaria de todos los chinos.

Por la historia anterior, la Selección de Fecha Qi Men Dun Jia nunca fue mencionada, ya que sólo podía ser usada específicamente por el emperador. El método usado en Selección de Fecha Qi Men Dun Jia fue registrado en

时家奇门遁甲择日术. El actual sistema usado para Selección de Fecha por el público era diferente del sistema usado por los antiguos emperadores. Esto era debido a que el sistema Qi Men Dun Jia de selección de fecha tenía funciones más grandes y los resultados eran notables. Todo este tiempo, este sistema era usado exclusivamente por el emperador y no podía ser practicado por los plebeyos. La razón es simple. Esto era porque el emperador tenía miedo que los plebeyos lo usaran para destronar al emperador. Por lo tanto, este sistema fue transmitido por algunos oficiales de alto rango que secretamente transmitieron el método a sus descendientes oralmente. Por la historia, todos los cambios importantes en la dinastía eran asistidos por alguien que practicaba Qi Men Dun Jia. Este es el mejor dentro de los mejores sistemas.

Aspecto Humano

Acción

No acción, no movimiento, no mejoría.

En pocas palabras, necesitamos actuar para tener mejor control de nuestro destino. Observa la Metafísica China y la acción humana en una mejor perspectiva:

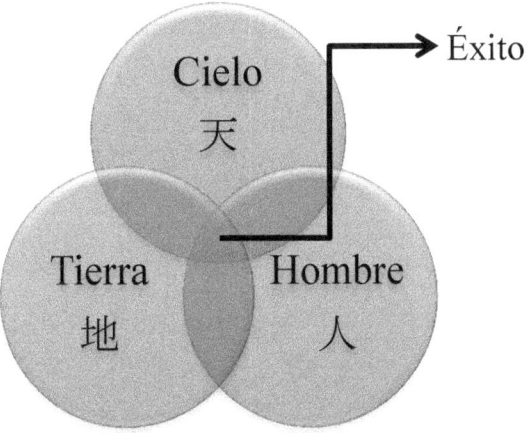

Entendemos que necesitamos el apoyo del Cielo, Tierra y Hombre (天时、地利、人和). Trazar este apoyo en la aplicación diaria, significa:

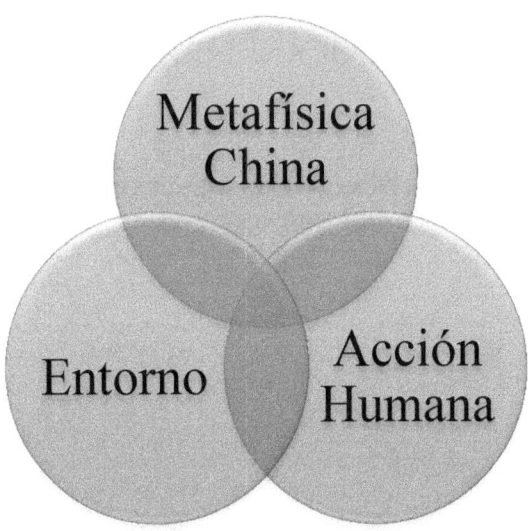

Déjame explicar usando un ejemplo simple. Suponiendo que tú eres Zhuge Liang y ahora estás en guerra con tu enemigo. ¿Cuáles son las herramientas que usarás para asegurarte que ganes la guerra? Para comenzar, Zhuge Liang siendo un practicante de Qi Men Dun Jia, así como un estratega militar, probablemente harás uso de la Selección de Fecha Qi Men Dun Jia para elegir una buena fecha para atacar. Puesto que vas a ir a la guerra, probablemente necesites entender el terreno o donde se supone que va a tener lugar la guerra y también la naturaleza de tu energía. La parte que describe la comprensión del "Entorno" en este contexto, está documentada en el Arte de la Guerra de Sun Tzu (孙子兵法)..

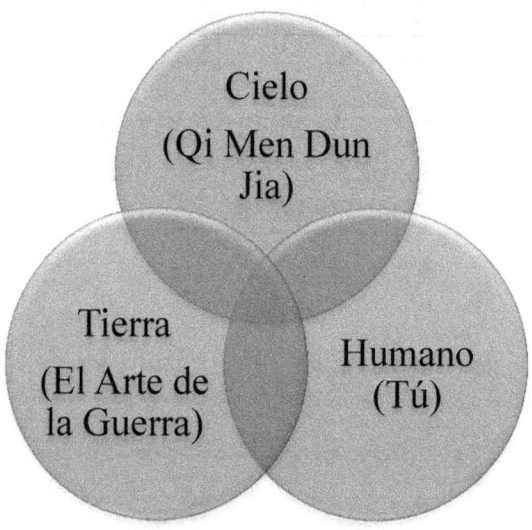

Por lo tanto, el Arte de la Guerra es la técnica que puede ser usada para entender el "Entorno" o aspecto Tierra de la Guerra. Luego contigo (el Aspecto Humano) usando Qi Men Dun Jia (el Aspecto Cielo) junto con el Arte de la Guerra para asegurar una batalla exitosa. Como se afirma en el Arte de la Guerra:

"天时、地利、人和，三者不得，虽胜有殃",

Que significa: si no hay apoyo de Cielo, Tierra y Hombre, incluso si ganas la guerra, habrá calamidad.

En el contexto moderno, los negocios son como la guerra. Entonces, igual que el Qi Men Dun Jia, el Arte de la Guerra de Sun Tzu puede ser adoptado en el contexto moderno. Hay muchos libros que explican cómo el Arte de la Guerra de Sun Tzu puede ser usado en el contexto moderno.

El Arte de la Guerra de Sun Tzu

Sun Tzu (544 – 496 AC) fue un militar general, estratega y filósofo chino que vivió en el Período Primavera y Otoño de la antigua China. Se le atribuye ser el autor de El Arte de la Guerra (孙子兵法), un antiguo libro chino extremadamente influyente sobre estrategia militar que adoptado por varios generales y bien probado en la guerra moderna (ej. guerra de Corea, guerra de Vietnam, etc.)

La cita más famosa del Arte de la Guerra de Sun Tzu es:

知己知彼，百戰不殆

Que significa: Conócete y conoce a tu enemigo, ganarás todas las batallas.

Igualmente, conociéndote, conociendo a tu enemigo y conociendo Qi Men Dun Jia, el éxito es seguro.

[7]El Arte de la Guerra de Sun Tzu está dividido en 13 capítulos:

Capítulo	Descripción[8]
1	Evaluación y Planificación Detallada (始計，始计)
2	Haciendo la Guerra (作戰，作战)
3	Ataque Estratégico (謀攻，谋攻)
4	Disposición del Ejército (軍形，军形)
5	Fuerzas (兵勢，兵势)
6	Debilidades y Fortalezas (虛實，虚实)
7	Maniobras Militares (軍爭，军争)
8	Variaciones y Adaptabilidad (九變，九变)

---

[7] De Wikipedia

[8] Utilizando Chow-Hou

9	Movimiento y Desarrollo de las Tropas (行軍，行军)
10	Terreno (地形)
11	Los Nueve Campos de batalla (九地)
12	Atacando con Fuego (火攻)
13	Inteligencia y Espionaje (用間，用间)

1. **La Evaluación y Planificación Detallada** explora los cinco factores fundamentales (el camino, estaciones, terreno, liderazgo y manejo) y siete elementos que determinan el resultado de combates militares. Pensando, evaluando y comparando estos puntos, un comandante puede calcular sus oportunidades de victoria. La desviación habitual de estos cálculos asegurará el fracaso por la acción inapropiada. El texto resalta que la guerra es un asunto muy grave para el estado y no debe ser comenzada sin la debida consideración.
2. **Haciendo la Guerra** explica cómo entender la economía de la guerra y cómo el éxito requiere ganar combates decisivos rápidamente. Esta sección aconseja que las campañas militares exitosas requieren limitar el costo de la competencia y el conflicto.
3. **El Ataque Estratégico** define la fuente de la fuerza como unidad, no el tamaño, y discute los cinco factores que se necesitan para triunfar en cualquier guerra. En orden de importancia, estos factores críticos son: Ataque, Estrategia, Alianzas, Ejército y Ciudades.
4. **La Disposición del Ejército** explica la importancia de defender posiciones existentes hasta que un comandante sea capaz de avanzar desde esas posiciones con seguridad. Enseña a los comandantes la importancia de reconocer oportunidades estratégicas y enseña a no crear oportunidades para el enemigo.
5. **Las Fuerzas** explican el uso de la creatividad y el momento del impulso a la acción de un ejército.
6. **Las Debilidades y Fortalezas** explican cómo una oportunidad para el ejército llega de las aberturas en el entorno causadas por la debilidad relativa del enemigo y cómo responder a los cambios en el campo de batalla fluido sobre un área determinada.
7. **Las Maniobras Militares** explican los peligros del conflicto directo y cómo ganar esas confrontaciones cuando son forzadas sobre el comandante.

8. **Las Variaciones y Adaptabilidad** se enfocan en la necesidad de flexibilidad en una respuesta del ejército. Explica cómo responder exitosamente a circunstancias cambiantes.
9. **El Movimiento y Desarrollo de las Tropas** describe las diferentes situaciones en las que un ejército se encuentra conforme atraviesa nuevos territorios enemigos, y cómo responder a estas situaciones. Gran parte de esta sección se enfoca en evaluar las intenciones de los otros.
10. **El Terreno** ve las tres áreas generales de resistencia (distancia, peligros y barreras) y los seis tipos de posiciones de tierra que surgen de ellas. Cada una de estas seis posiciones ofrece ciertas ventajas y desventajas.
11. **Los Nueve Campos de Batalla** describe nueve situaciones comunes (o etapas) en una campaña, desde dispersión hasta terreno mortal, y el enfoque específico que un comandante necesitará para navegar con éxito.
12. **Atacando con Fuego** explica el uso general de armas y el uso específico del entorno como arma. Esta sección examina los cinco objetivos de ataque, los cinco tipos de ataque del entorno y las respuestas apropiadas para dichos ataques.
13. **Inteligencia y Espionaje** se enfoca en la importancia de desarrollar buenas fuentes de información y especifica los cinco tipos de fuentes de inteligencia y cómo manejar mejor cada una de ellas.

Treinta y Seis Estratagemas (三十六计)

Además del Arte de la Guerra de Sun Tzu, los 36 estratagemas pueden ser usados como el componente Entorno o Tierra, de Cielo – Hombre – Tierra. En mi práctica diaria, uso ambos, el Arte de la Guerra de Sun Tzu y los 36 estratagemas junto con Qi Men Dun Jia para lograr resultados óptimos.

[9] Las Treinta y Seis Estratagemas es una colección única de antiguos proverbios chinos que describen algunas de las estrategias más sutiles y astutas jamás concebidas. Mientras otros textos militares, como el Arte de la Guerra de Sun Tzu, se enfocan en organización militar, liderazgo y tácticas de batalla, las Treinta y Seis Estratagemas son más adecuadamente

---

[9] http://www.chinastrategies.com/intro.htm

aplicadas en campos de la política, diplomacia y espionaje. Estos proverbios describen no sólo estrategias de batalla, sino tácticas usadas en la guerra psicológica para quebrantar la voluntad del enemigo para pelear y su cordura. Tácticas como la 'cruz doble', el 'marco de trabajo' y 'gato por liebre', pueden ser rastreadas a miles de años de historia china a proverbios como 'Esconde la Daga Detrás de una Sonrisa', 'Matar con Espada Prestada' y 'Tira un Ladrillo para Atraer Jade', respectivamente. Aunque otros trabajos militares de estrategia, al menos de dientes para afuera, tienen noción del honor a Confucio, los Treinta y Seis Estratagemas no pretenden ser despiadados.

Para el lector occidental, las Treinta y Seis Estratagemas ofrecen una visión atemporal en las obras de la naturaleza humana bajo condiciones de estrés extremo. Muchos de los proverbios están basados en eventos que ocurrieron durante la Era de los Estados Guerreros en China (403-221 AC).

Los orígenes de las Treinta y Seis Estratagemas son desconocidos. Ningún autor o compilador lo ha mencionado nunca y no hay fecha de cuándo puede haber sido escrito. La primera mención histórica de los Treinta y Seis Estratagemas data de la Dinastía Chi Meridional (489-537 DC) cuando fue mencionada en el Nan Chi Shi (Historia de la Dinastía Chi Meridional). Brevemente registra, "De los 36 estratagemas de Master Tan, huir es el mejor." Master Tan puede ser el famoso general Tan Daoji (d. 436 DC) pero no hay evidencia para probar o desaprobar su autoría. Aunque fue la primera mención registrada de los Treinta y Seis Estratagemas, algunos de los proverbios se basan en eventos ocurridos setecientos años antes.

La descripción de las Treinta y Seis Estratagemas adoptadas por Wikipedia como sigue. Están clasificadas en 6 capítulos:

Capítulo 1: Estratagemas para ganar (勝戰計 Shèng Zhàn Jì)

Cruza el mar confundiendo al cielo (瞞天过海, Mán Tiān Guò Hǎi)

Enmascara tus metas objetivos mediante la astucia con el uso de un objetivo falso, hasta que se logre el objetivo real. Tácticamente, esto se conoce como una 'finta abierta': frente a todos señalas el Oeste, cuando tu objetivo en realidad está en el Este.

Sitia a Wèi para rescatar a Zhào (围魏救赵, Wéi Wèi Jiù Zhào)

Cuando el enemigo es demasiado fuerte para ser atacado directamente, entonces ataca algo de su interés. Sabe que no puede ser superior en todo. En algún lugar hay un hueco en la armadura, una debilidad que puede ser atacada. La idea aquí es evitar encabezar una batalla con un enemigo fuerte, y en cambio atacar su debilidad en otro lugar. Esto obligará al fuerte enemigo a retirarse para soportar su debilidad. Luchar contra el enemigo ahora cansado y bajo de moral, dará la probabilidad de un éxito mucho mayor.

Mata con espada prestada (借刀杀人, Jiè Dāo Shā Rén)

Ataca usando la fuerza de otro (en una situación donde usar la propia fuerza no es favorable). Engaña a un aliado atacándolo, soborna a un oficial para que se haga traidor o usa la propia fuerza del enemigo contra él. La idea aquí es causar daño al enemigo haciendo que el otro haga la obra.

Relájate mientras el enemigo se agota (以逸待劳, Yǐ Yì Dài Láo)

Es una ventaja elegir la hora y lugar para la batalla. De esta manera, sabes cuándo y dónde se llevará a cabo la batalla, mientras que tu enemigo no. Alienta a tu enemigo a gastar su energía en búsquedas fútiles mientras tú conservas tu fuerza. Cuando él esté agotado y confuso, atacas con energía y propósito. La idea es tener a tus tropas bien preparadas para la batalla, al mismo tiempo que tu enemigo está precipitándose para pelear contra ti. Esto dará a tus tropas una enorme ventaja en la próxima batalla, de la cual seleccionarás la hora y el lugar.

Saquea una casa en llamas (趁火打劫, Chèn Huǒ Dǎ Jié)

Cuando un país se ve acosado por conflictos internos, cuando la enfermedad y el hambre hacen estragos en la población, cuando la corrupción y el crimen están a la orden, entonces será incapaz de enfrentar una amenaza externa. Este es el momento para atacar. Reúne información interna sobre el enemigo. Si el enemigo está en su estado más débil, atácalo sin piedad y destrúyelo totalmente para evitar problemas futuros.

Finge ir hacia el Este mientras atacas por el Oeste (声东击西, Shēng Dōng Jī Xī)

En cualquier batalla, el elemento sorpresa puede proporcionar una ventaja abrumadora. Incluso cuando estés cara a cara con un enemigo, todavía puedes emplear la sorpresa para atacar cuando menos lo espera. Para ello, se requiere crear una expectativa en la mente del enemigo utilizando una finta. La idea es conseguir que el enemigo enfoque sus fuerzas en un lugar, luego atacar en otro que estaría débilmente defendido.

Capítulo 2: Estratagemas para Tratar al Enemigo (敵戰計)

Crea algo a partir de nada (无中生有, Wú Zhōng Shēng Yǒu)

Una mentira simple. Hacer creer a alguien que había algo cuando de hecho, no hay nada. Uno de los métodos para usar esta estrategia es crear una ilusión de la existencia de algo, mientras que no existe. Otro método es crear una ilusión de que algo no existe, mientras que sí existe.

Repara abiertamente los caminos de la galería, pero cuélate por el pasaje de Chencang (明修栈道, 暗渡陈仓, Míng Xiū Zhàn Dào, An Dù Chén Cāng)

Engañar al enemigo con un enfoque obvio que llevará mucho tiempo, mientras se toma un atajo y se cuela hasta él. A medida que el enemigo se concentra en el señuelo, te perderá. Esta táctica es una extensión de "Fingir ir hacia el Este mientras se ataca por el Oeste". Pero en lugar de simplemente difundir información falsa para llamar la atención del enemigo, cebos físicos se usan para asegurarse que el enemigo tenga la información errónea. Estos cebos deben verse fácilmente para asegurarse que llaman su atención. Al mismo tiempo, los cebos deben actuar como si tuvieran la intención de hacer lo que estaban haciendo falsamente y evitar levantar sospechas del enemigo.

Observa los fuegos que arden al otro lado del río (隔岸观火, Gé An Guān Huǒ)

Retrasar la entrada al campo de batalla hasta que todos los otros se hayan agotado peleando entre ellos. Luego, ir con toda su fuerza y recoger los pedazos.

Oculta la daga tras una sonrisa (笑里藏刀, Xiào Lǐ Cáng Dāo)

Sé encantador y congráciate con tu enemigo. Cuando hayas ganado esta confianza, muévete contra él en secreto.

Sacrifica el ciruelo por el melocotonero (李代桃僵, Lǐ Dài Táo Jiāng)

Hay circunstancias en las que se deben sacrificar objetivos a corto plazo con el fin de lograr el objetivo a largo plazo. Esta es la estrategia cabeza de turco, donde alguien más sufre las consecuencias por lo que el resto no hace.

Aprovecha la oportunidad para robar una cabra (顺手牵羊, Shùn Shǒu Qiān Yáng)

Mientras realizas tus planes, sé suficientemente flexible para tomar ventaja de cualquier oportunidad que se presente, por pequeña que sea y aprovecha cualquier beneficio, aunque sea leve.

Capítulo 3: Estratagemas de Ataque (攻戰計)

Golpea la hierba para asustar a la serpiente (打草惊蛇, Dá Cǎo Jīng Shé)

Haz algo sin sentido, pero espectacular ("golpear la hierba") para provocar una respuesta del enemigo ("asustar a la serpiente"), alejando así sus planes o posición, o simplemente burlarse de él. Haz algo inusual, extraño e inesperado, ya que esto despertará sospechas e interrumpirá su pensamiento. Más usado como "[No] asustar a la serpiente golpeando la hierba". Un acto imprudente hará que tu posición o intenciones alejen al enemigo.

Levanta un cadáver de entre los muertos (借尸还魂, Jiè Shī Huán Hún)

Toma una institución, una tecnología, un método o incluso una ideología que ha sido olvidada o descartada y aprópiate de ella para tu propio propósito. Revive algo del pasado, dándole un nuevo propósito o da vida a viejas ideas, costumbres o tradiciones y reinterprétalas para que se ajusten a tus propósitos.

Atrae al tigre para que deje su guarida (调虎离山, Diào Hǔ Lí Shān)

Nunca ataques directamente a un oponente cuya ventaja se deriva de su posición. En cambio, aléjalo de su posición separándolo así de su fuente de fortaleza.

Para capturar, uno debe permitir escapar (欲擒故纵, Yù Qín Gū Zòng)

La presa arrinconada a menudo monta un desesperado ataque final. Para evitar esto, deja que el enemigo crea que todavía tiene una oportunidad para la libertad. Su voluntad de luchar se reduce por su deseo de escapar. Cuando al final la libertad demuestra ser falsa, la moral del enemigo será derrotada y se rendirá sin luchar.

Lanza un ladrillo para conseguir una gema de jade (抛砖引玉, Pāo Zhuān Yǐn Yù)

Hostiga a alguien haciéndole creer que gana algo o simplemente hazle reaccionar ("lanzando un ladrillo") y a cambio obtén algo valioso de él ("consigue una gema de jade").

Derrota al enemigo capturando a su jefe (擒贼擒王, Qín Zéi Qín Wáng)

Si el ejército del enemigo es fuerte, pero está aliado con el comandante sólo por dinero, superstición o amenazas, entonces pon en la mira al líder. Si el comandante cae, el resto del ejército se dispersará o vendrá a tu lado. Sin embargo, si se han aliado con el líder a través de la lealtad, entonces ten cuidado, el ejército puede seguir peleando después de su muerte por venganza.

Capítulo 4: Estratagemas de Caos (混戰計)

Retira la leña debajo de la caldera (釜底抽薪, Fǔ Dǐ Chōu Xīn)

Saca el argumento o la esencia de alguien; "roba sus laureles". Esta es la esencia misma del enfoque indirecto: en lugar de atacar a las fuerzas de combate del enemigo, los ataques se dirigen contra su capacidad para hacer la guerra.

Perturba el agua y atrapa un pez (混水摸鱼, Hún Shuǐ Mō Yú)

Crea confusión y utiliza esta confusión para promover tus propios objetivos.

Desprenderse del caparazón de la cigarra (金蝉脱壳, Jīn Chán Tuō Qiào)

Disfrázate, o bien, deja uno de tus rasgos distintivos detrás, volviéndote poco visible o hacerte pasar por alguien más. Esta estrategia se utiliza principalmente para escapar de un enemigo de fuerza superior.

Cierra la puerta para atrapar al ladrón (关门捉贼, Guān Mén Zhuō Zéi)

Para capturar a tu enemigo, o más generalmente, peleando en la guerra, para dar el golpe final a tu enemigo, debes planificar con prudencia si quieres tener éxito. No apresures la acción. Antes de "dar el golpe de gracia", primero corta las rutas de escape de tu enemigo y corta cualquier ruta por la que la ayuda del exterior pueda llegar a ellos.

Alíate con un Estado lejano para atacar al Estado vecino (远交近攻, Yuǎn Jiāo Jìn Gōng)

Se sabe que las naciones con fronteras entre ellas, se convierten en enemigos, mientras que las naciones separadas por la distancia y obstáculos, se hacen mejores aliados. Cuando seas el más fuerte en el campo, tu mayor amenaza es desde el segundo más fuerte en tu campo, no el más fuerte de otro campo.

Consigue un camino seguro para conquistar el Estado de Guo (假道伐虢, Jiǎ Dào Fá Guó)

Toma prestados los recursos de un aliado para atacar a un enemigo común. Una vez que el enemigo sea derrotado, utiliza estos recursos para volverte en contra del aliado que te los prestó.

Capítulo 5: Estratagemas Próximos (並戰計)

Remplaza las vigas con madera podrida (偷梁换柱, Tōu Liáng Huàn Zhù)

Interrumpe las formaciones del enemigo, interfiere con sus métodos de operación, cambia las reglas que ellos siguen, ve en contra de su entrenamiento estándar. De esta manera quitas el pilar de soporte, el vínculo común que hace a un grupo de hombres una fuerza de combate efectiva.

Señala la morera, mientras maldices el algarrobo (指桑骂槐, Zhǐ Sāng Mà Huái)

Para disciplinar, controlar o advertir a otros cuya situación o posición los excluye de la confrontación directa, usa la analogía y la insinuación. Sin mencionar directamente los nombres, los acusados no pueden tomar represalias sin revelar su complicidad.

Hacerse el tonto sin dejar de ser listo (假痴不癫, Jiǎ Chī Bù Diān)

Escóndete detrás de la máscara de un tonto, un borracho o un loco para crear confusión acerca de tus intenciones y motivaciones. Atrae a tu oponente con la desestimación de tu habilidad hasta que, confiado, baje la guardia. Entonces puedes atacar.

Retira la escalera cuando el enemigo haya subido al techo (上屋抽梯, Shàng Wū Chōu Tī)

Con cebos y engaños, atrae a tu enemigo a terreno peligroso. Luego, corta sus líneas de comunicación y vías de escape. Para salvarse, ellos deben pelear contra tus propias fuerzas y contra los elementos de la naturaleza.

Adorna el árbol con flores falsas (树上开花, Shù Shàng Kāi Huā)

Ata flores de ceda a un árbol muerto y da la ilusión de que el árbol está sano. A través del uso de artificios y disfraz, haz que algo de ningún valor parezca valioso; sin amenaza parece peligroso; sin utilidad parece útil.

Haz que anfitrión e invitado cambien de sitio (反客为主, Fǎn Kè Wéi Zhǔ)

Usurpa el liderazgo en una situación donde normalmente eres subordinado. Infiltra tu objetivo. Inicialmente, pretende ser un invitado para ser aceptado, pero perfecciona desde el interior y conviértete después en el propietario.

Capítulo 6: Estratagemas Desesperados (敗戰計)

La belleza atrapa (Tarro de miel) (美人计, Měi Rén Jì)

Envía a tus enemigos mujeres hermosas para provocar discordia dentro de su campo. Esta estrategia puede funcionar en tres niveles. Primero, el regente se enamora tanto de la belleza, que falta a sus obligaciones y permite que su vigilancia disminuya. Segundo, otros hombres comenzarán a mostrar comportamiento agresivo que inflama las diferencias menores dificultando la cooperación y destruyendo la moral. Tercero, las otras mujeres de la corte, motivadas por celos y envidia, comienzan a tramar intrigas que agravan aún más la situación.

La estrategia de la fortaleza vacía (空城计, Kōng Chéng Jì)

Cuando el enemigo es superior en número y tu situación es tal que esperas ser invadido en cualquier momento, entonces deja caer toda la simulación de preparación militar, actúa con calma y provoca al enemigo, de manera que piense que tienes una enorme emboscada escondida. Funciona mejor actuando con calma y en paz cuando tu enemigo espera que estés tenso. Este truco sólo tiene éxito si en la mayoría de los casos tienes una poderosa fuerza oculta y sólo utilizas escasamente la estrategia de la fortaleza vacía.

Deja que el espía del enemigo siembre la discordia en su propio campo (反间计, Fǎn Jiàn Jì)

Debilita la capacidad de tu enemigo para lugar causando en secreto discordia entre él y sus amigos, aliados, consejeros, familia, comandantes, soldados y población. Mientras él está preocupado resolviendo las disputas internas, su capacidad para atacar o defenderse se ve comprometida.

Hacerse daño uno mismo para ganarse la confianza del enemigo (苦肉计, Kǔ Ròu Jì)

Pretender estar lesionado tiene dos aplicaciones posibles. En la primera, el enemigo se apacigua relajando su guardia porque ya no te considera una amenaza inmediata. La segunda, es una manera de congraciarte con tu enemigo pretendiendo que la lesión fue causada por un enemigo mutuo.

Encadenar estratagemas (连环计, Lián Huán Jì)

En asuntos importantes, debes usar varias estratagemas simultáneamente aplicadas una tras otra como una cadena de estratagemas. Mantén diferentes planos operando en un esquema general; sin embargo, de esta manera si una de las estrategias falla, entonces se rompe la cadena y todo el esquema falla.

Si todo esto falla, retirate (走为上, Zǒu Wéi Shàng)

Si se hace evidente que tu curso de acción actual conducirá a la derrota, entonces retírate y reagrupa. Cuando tu lado está perdiendo, sólo hay tres opciones: rendirte, transigir o escapar. Rendirte es la derrota completa, transigir es la mitad de la derrota, pero escapar no es derrota. Mientras no estés derrotado, aún tienes una oportunidad. Esta es la más famosa de las estratagemas inmortalizada en un dicho chino: "De las Treinta y Seis Estratagemas, huir es la mejor" (三十六计，走为上计).

Casos Prácticos
Qi Men Dun Jia

Casos de Adivinación

Caso 1: Revisión de Casa

Antecedentes

Fui invitado a casa de un amigo y durante nuestra discusión informal, él me preguntó qué pensaba del Fengshui de su casa. Tracé un mapa Qi Men Dun Jia en base a la hora que hizo su pregunta. La casa tiene frente Norte, descanso Sur.

La fecha y hora en que se hizo la pregunta fue: 23 de Mayo, 2010 a las 12:26

El mapa es el siguiente:

Hora	Día	Mes	Año
Wu	Gui	Xin	Geng
Wu	You	Si	Yin

Esposa

TC Día = persona que pregunta

Enfermedad

YangDun#2 Hora: **WuWu** ; 直符(ZhíFú): 天柱 **(Tiān Zhù)** ;
直使(ZhíShǐ): 惊门 **(Jǐng Mén)** ; 旬首(XúnShǒu): **JiaYinGui**

九地 (Jiǔ Dì) 天英 (Tiān Yīng) 景门 (Jǐng Mén) Xun 4 Bing Geng	九天 (Jiǔ Tiān) 禽芮 (Qín Ruì) 死门 (Sǐ Mén) Li 9 Wu/Xin Bing	值符 (Zhí Fú) 马 天柱 (Tiān Zhù) 惊门 (Jǐng Mén) Kun 2 Gui Wu/Xin
玄武 (Xuán Wǔ) 天辅 (Tiān Fǔ) 杜门 (Dù Mén) Zhen 3 Geng Ji	YangDun#2 Hora: WuWu ©Calvin Yap	螣蛇 (Téng Shé) 天心 (Tiān Xīn) 开门 (Kāi Mén) Dui 7 Ren Gui
白虎 (Bái Hǔ) O 天冲 (Tiān Chōng) 伤门 (Shāng Mén) Gen 8 Ji Ding	六合 (Liù Hé) O 天任 (Tiān Rèn) 生门 (Shēng Mén) Kan 1 Ding Yi	太阴 (Tài Yīn) 天蓬 (Tiān Péng) 休门 (Xiū Mén) Qian 6 Yi Ren

Análisis

La persona que pregunta es representada por el Tronco Celeste del Día, Gui. En este caso, está en el Palacio Kun 2. La casa tiene frente Norte, descanso Sur. En el Palacio Sur Li 9, está Wu, que representa a su esposa. (La esposa de Gui es Wu porque Wu se combina con Gui).

En el Palacio Li 9, están 天芮 (Tiān Ruì) y 九天 (Jiǔ Tiān). 天芮 (Tiān Ruì) que representan la Estrella de enfermedad y el Palacio Li 9 representa la cabeza. Por lo tanto, deduje que su esposa tenía dolores de cabeza frecuentes. Además, el dolor era bastante severo, ya que 天芮 (Tiān Ruì) con 九天 (Jiǔ Tiān) significa enfermedad que se expande.

Más tarde me dijo que su esposa tenía constantes migrañas y dependía de mucha medicación para controlarla. Su migraña era bastante seria

Se le proporcionó una serie de remedios basada en Qi Men Dun Jia.

Caso 2: Revisión de Casa – Hijo siempre enferma

Antecedentes

La maestra instructora de mi hija me buscó para una revisión de su casa. Dijo que su hijo tiende a caer enfermo frecuentemente. Cada vez que se recuperaba, caía enfermo otra vez en pocos días. Además, ella notó que su hijo hablaba solo.

La fecha y hora en que la pregunta se hizo fue: 26 de Marzo, 2014 a las 21:00

El mapa es el siguiente:

Hora	Día	Mes	Año
Ji	Xin	Yi	Gui
Hai	Mao	Mao	Si

Análisis

Ella estaba preguntando por su hijo, entonces vemos el Tronco Celeste de la Hora, que es Ji y está en el Palacio Kan 1. En ese palacio está 太阴 (Tài Yīn), y 太阴 (Tài Yīn) representa espíritu o fantasma. Entonces, le dije que su hijo podría tener encuentros cercanos con lo sobrenatural que causaba su enfermedad frecuente. Le aconsejé llevarlo a su religioso por ayuda. Llevó a su hijo a un templo budista para una bendición regular. 2 semanas después, me dijo que su hijo estaba mejor y ya no hablaba solo.

El bazi de su hijo es el siguiente:

Hora	Día	Mes	Año
Ren	Ji	Bing	Geng
Shen	You	Xu	Yin

Tai Yin con Maestro del Día; podría tener habilidad para ver espíritus

TC Día = hijo

YinDun#5 Hora: **RenShen** ; 直符(ZhíFú): **天禽(Tiān Qín)** ; 直使(ZhíShǐ): **死门 (Sǐ Mén)** ; 旬首(XúnShǒu): **JiaZiWu**

玄武 (Xuán Wǔ) 天蓬 (Tiān Péng) 生门 (Shēng Mén) Xun 4 Ren Ji	白虎 (Bái Hǔ) 天任 (Tiān Rèn) 伤门 (Shāng Mén) Li 9 Ding Gui	六合 (Liù Hé) 天冲 (Tiān Chōng) 杜门 (Dù Mén) Kun 2 Geng Xin/Wu
九地 (Jiǔ Dì) 天心 (Tiān Xīn) 休门 (Xiū Mén) Zhen 3 Yi Geng	YinDun#5 Hora: RenShen ©Calvin Yap	太阴 (Tài Yīn) 天辅 (Tiān Fǔ) 景门 (Jǐng Mén) Dui 7 Ji Bing
九天 (Jiǔ Tiān) 马 天柱 (Tiān Zhù) 开门 (Kāi Mén) Gen 8 Bing Ding	值符 (Zhí Fú) 禽芮 (Qín Ruì) 惊门 (Jīng Mén) Kan 1 Xin/Wu Ren	螣蛇 (Téng Shé) O 天英 (Tiān Yīng) 死门 (Sǐ Mén) Qian 6 Gui Yi

El Maestro del Día de su hijo es Ji, que está en el Palacio Dui 7. En el palacio, está 太阴 (Tài Yīn). Esto significaría que su hijo podría tener la habilidad para "ver" espíritus o fantasmas.

Caso 3: Avería de autobús

Antecedentes

Estaba esperando mi autobús, había estado esperando más de lo usual y el autobús no había llegado. Recibí un mensaje de texto de mi esposa y me informó que el autobús se había averiado. Tenía 2 opciones: ir caminando hasta la estación de tren que estaba como a 2km de distancia, o esperar el autobús de remplazo.

Decidí hacer una adivinación para ver si el autobús de remplazo llegaría.

La fecha y hora en que la pregunta se hizo fue: 8 de Abril, 2010 a las 07:00

El mapa es el siguiente:

Hora	Día	Mes	Año
Bing	Wu	Geng	Geng
Chen	Zi	Chen	Yin

El autobús no está en Kong o Caballo

YangDun#1 Hora: **BingChen** ; 直符(ZhíFú): 天心 **(Tiān Xīn)** ;
直使(ZhíShǐ): 开门 **(Kāi Mén)** ; 旬首(XúnShǒu): **JiaYinGui**

太阴 (Tài Yīn) 天任 (Tiān Rèn) 生门 (Shēng Mén) Xun 4 Bing Xin	六合 (Liù Hé) 天冲 (Tiān Chōng) 伤门 (Shāng Mén) Li 9 Geng Yi	白虎 (Bái Hǔ) 天辅 (Tiān Fǔ) 杜门 (Dù Mén) Kun 2 Xin Ji/Ren
螣蛇 (Téng Shé) 天蓬 (Tiān Péng) 休门 (Xiū Mén) Zhen 3 Wu Geng	YangDun#1 Hora: BingChen ©Calvin Yap	玄武 (Xuán Wǔ) 天英 (Tiān Yīng) 景门 (Jǐng Mén) Dui 7 Yi Ding
值符 (Zhí Fú) O 马 天心 (Tiān Xīn) 开门 (Kāi Mén) Gen 8 Gui Bing	九天 (Jiǔ Tiān) O 天柱 (Tiān Zhù) 惊门 (Jīng Mén) Kan 1 Ding Wu	九地 (Jiǔ Dì) 禽芮 (Qín Ruì) 死门 (Sǐ Mén) Qian 6 Ji/Ren Gui

Análisis

El Yong Shen (Dios Útil) para Autobús es 伤门 (Shāng Mén), que está en el Palacio Li 9. En ese palacio está Geng, representa problema. Por lo tanto, el autobús se averió debido a un problema que surgió.

Sin embargo, no hay Kong o Caballo en ese palacio. Por lo tanto, deduje que el autobús de remplazo debería estar llegando.

Después de 10 minutos de esperar, el autobús de remplazo llegó y lo abordé para llegar a tiempo a la oficina. Si no hubiera hecho la adivinación, habría caminado hasta la estación del tren. Me hubiera llevado 20 minutos y ¡habría terminado con una camisa sudorosa!

Caso 4: Doctor hombre o mujer

Antecedentes

Estaba esperando mi turno para ver a un médico en la clínica. Había 2 doctores; 1 hombre y 1 mujer. Por curiosidad, tracé un mapa Qi Men Dun Jia para ver cuál doctor iba a ver.

La fecha y hora en que la pregunta se hizo fue: 5 de Abril, 2010 a las 10:00

El mapa es el siguiente:

Hora	Día	Mes	Año
Xin	Yi	Geng	Geng
Si	You	Chen	Yin

Doctor

Kun2 = Mujer

YangDun#1 Hora: **XinSi** ; 直符(ZhíFú): **天芮 (Tiān Ruì)** ;
直使(ZhíShǐ): **死门 (Sǐ Mén)** ; 旬首(XúnShǒu): **JiaXuJi**

值符 (Zhí Fú) 禽芮 (Qín Ruì) 景门 (Jǐng Mén) Xun 4 Ji/Ren Xin	腾蛇 (Téng Shé) 天柱 (Tiān Zhù) 死门 (Sǐ Mén) Li 9 Ding Yi	太阴 (Tài Yīn) O 天心 (Tiān Xīn) 惊门 (Jīng Mén) Kun 2 Gui Ji/Ren
九天 (Jiǔ Tiān) 天英 (Tiān Yīng) 杜门 (Dù Mén) Zhen 3 Yi Geng	YangDun#1 Hora: XinSi ©Calvin Yap	六合 (Liù Hé) O 天蓬 (Tiān Péng) 开门 (Kāi Mén) Dui 7 Wu Ding
九地 (Jiǔ Dì) 天辅 (Tiān Fǔ) 伤门 (Shāng Mén) Gen 8 Xin Bing	玄武 (Xuán Wǔ) 天冲 (Tiān Chōng) 生门 (Shēng Mén) Kan 1 Geng Wu	白虎 (Bái Hǔ) 马 天任 (Tiān Rèn) 休门 (Xiū Mén) Qian 6 Bing Gui

Análisis

El Yong Shen o Dios Útil para doctor es 天心 (Tiān Xīn). En este caso, está en el Palacio Kun 2. El Palacio Kun 2 representa mujer. Entonces, deduje que el doctor que iba a ver sería una mujer.

Terminé viendo a la mujer doctor.

Caso 5: Autobús turístico atorado en Yang Ming Shan, Taipei

Antecedentes

Estaba en Taipei por vacaciones y estaba en Yang Ming Shan cuando el autobús estaba tratando de realizar un fallido giro de 3 puntos y se quedó atorado en una carretera estrecha. El guía llamó buscando ayuda y se suponía que una grúa tenía que levantar el autobús fuera del sitio. El resto de los miembros fueron imprudentes y estaban preocupados, ya que estábamos atrapados en algún lugar remoto. Entonces, tracé un mapa Qi Men Dun Jia para ver cuándo saldríamos de la situación.

La fecha y hora en que la pregunta se hizo fue: 19 de Abril, 2014 a las 16:00

El mapa es el siguiente:

Hora	Día	Mes	Año
Jia	Geng	Wu	Jia
Shen	Shen	Chen	Wu

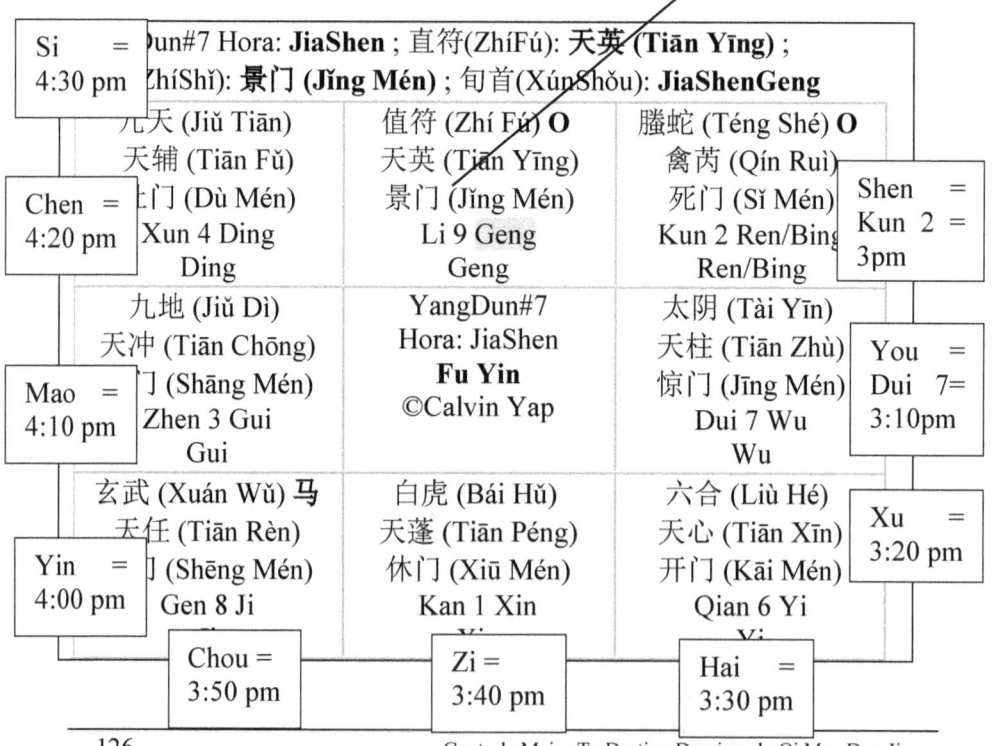

Análisis

Obtuve un mapa Fu Yin. Fu Yin significa que está estancado, atorado y/o sufriendo. Estar atorado en un lugar remoto definitivamente era un sufrimiento. Además, el autobús estaba atorado, entonces coincidía con el mapa Fu Yin.

Basado en el mapa anterior, predije que la grúa debería llegar y levantar el autobús alrededor de las 4:50 pm.

Por el mapa, el Tronco Celeste del Día y la Hora están en el Palacio Li 9 y en Kong. Con un mapa Fu Yin y en Kong, esto significa que la ayuda no llegará pronto.

Para calcular el tiempo, usamos el método simplificado de una Rama Terrenal = 10 minutos. La hora es Jia Shen (3pm a 4:59). Entonces, la hora Shen comienza a las 3pm y Shen está en el Palacio Kun 2. Con el cálculo de 10 minutos por cada Rama Terrenal, para las 4:40 estará en el Palacio Li 9. Esto entonces llenará el Kong. Por lo tanto, deduje que la ayuda debería llegar entre 4:40pm y 4:50pm.

Dejamos el lugar a las 4:47 y el autobús entero estaba sorprendido del poder del Qi Men Dun Jia.

Caso 6: Diagnóstico de Enfermedad

Antecedentes

Hice una cita para reunirme con mi estudiante para desayunar, ya que quería pasarle algo. Ella envió un mensaje de texto diciendo que no podía hacerlo porque tenía que llevar a su madre al hospital. Dijo que su madre tenía dolor y no sabía qué estaba mal. Tracé un mapa Qi Men Dun Jia y le dije que algo podría estar pegado al área de su estómago e insistí que el médico realizara una exploración en esa área. Era mejor estar seguro que luego arrepentirse.

La fecha y hora en que la pregunta se hizo fue: 12 de Julio, 2013 a las 08:12

El mapa es el siguiente:

Hora	Día	Mes	Año
Wu	Ji	Ji	Gui
Chen	Mao	Wei	Si

Enfermedad con Du Men en Palacio Kun 2. Kun 2 = Estómago. Algo está atorado en el estómago.

YinDun#8 Hora: **WuChen** ; 直符(ZhíFú): **天任 (Tiān Rèn)** ; 直使(ZhíShǐ): **生门 (Shēng Mén)** ; 旬首(XúnShǒu): **JiaZiWu**

九地 (Jiǔ Dì) 天辅 (Tiān Fǔ) 生门 (Shēng Mén) Xun 4 Ren Ren	玄武 (Xuán Wǔ) 天英 (Tiān Yīng) 伤门 (Shāng Mén) Li 9 Yi Yi	白虎 (Bái Hǔ) 禽芮 (Qín Ruì) 杜门 (Dù Mén) Kun 2 Ding/Xin Ding/Xin
九天 (Jiǔ Tiān) 天冲 (Tiān Chōng) 休门 (Xiū Mén) Zhen 3 Gui Gui	YinDun#8 Hora: WuChen **Fu Yin** ©Calvin Yap	六合 (Liù Hé) 天柱 (Tiān Zhù) 景门 (Jǐng Mén) Dui 7 Ji Ji
值符 (Zhí Fú) 马 天任 (Tiān Rèn) 开门 (Kāi Mén) Gen 8 Wu Wu	腾蛇 (Téng Shé) 天蓬 (Tiān Péng) 惊门 (Jīng Mén) Kan 1 Bing Bing	太阴 (Tài Yīn) O 天心 (Tiān Xīn) 死门 (Sǐ Mén) Qian 6 Geng Geng

Tian Xin = Doctor. En Kong, con Sǐ Mén y Tài Yīn

Análisis

Este es un mapa Fu Yin. Significa atorado y sufriendo. Entonces, su madre estaba sufriendo en dolor.

El Yong Shen (Dios Útil) para enfermedad es 天芮 (Tiān Ruì) y está en el Palacio Kun 2 con 白虎 (Bái Hǔ) y 杜门 (Dù Mén). Además, ahí está Xin. El Palacio Kun 2 significa área del estómago. 杜门 (Dù Mén) significa atorado. Xin también significa crecimiento. Por lo tanto, deduje que podría haber un crecimiento que podía estar atorado en el área del estómago.

El Yong Shen (Dios Útil) para doctor es 天心 (Tiān Xīn), el cual está en el Palacio Qian 6 con 死门 (Sǐ Mén), 太阴 (Tài Yīn) y en Kong. 死门 (Sǐ Mén) significa obstinado, entonces el doctor podría no querer escuchar. 太阴 (Tài Yīn) y Kong también significan que al doctor le molestó revisar otra vez. En el mensaje de texto para ella, le dije que insistiera que el doctor realizara un escaneo principalmente porque por el mapa, deduje que el doctor podría no querer realizar el escaneo.

Semanas más tarde, recibí un email de mi estudiante diciendo que estaba confirmado que después del escáner estaba un pólipo o piedra suave cerca de la vesícula biliar. Inicialmente, el doctor había rechazado realizar el escáner y sólo estaba interesado en tratar el dolor del brazo derecho de su madre, ya que es su especialidad. Sólo realizó el escáner después de la insistencia de mi estudiante.

Caso 7: Hora de dar a luz de colega

Antecedentes

El 5 de Junio de 2012, martes alrededor de las 3pm, noté que mi colega embarazada no estaba en la oficina. Entonces, decidí ver cómo estaba enviándole un mensaje de texto. Le pregunté cuándo debía dar a luz. Ella dijo que el ginecólogo le dijo que lo más probable era el fin de semana.

Decidí trazar un mapa Qi Men Dun Jia y en base al mapa, le dije que podría ser ingresada en el hospital entre 5-7pm y que el bebé nacería al día siguiente entre 11-1pm.

La fecha y hora en que la pregunta se hizo fue: 5 de Junio, 2012 a las 15:00

El mapa es el siguiente:

Hora	Día	Mes	Año
Wu	Ding	Bing	Ren
Shen	You	Wu	Chen

Shēng Mén es el Yong Shen para dar a luz con Tiān Xīn, el Yong Shen para doctor.

YangDun#6 Hora: **WuShen** ; 直符(ZhíFú): **天蓬 (Tiān Péng)** ; 直使(ZhíShǐ): **休门 (Xiū Mén)** ; 旬首(XúnShǒu): **JiaChenRen**

白虎 (Bái Hǔ) 天英 (Tiān Yīng) 惊门 (Jīng Mén) Xun 4 Xin Bing	玄武 (Xuán Wǔ) 禽芮 (Qín Ruì) 开门 (Kāi Mén) Li 9 Gui/Yi Xin	九地 (Jiǔ Dì) 天柱 (Tiān Zhù) 休门 (Xiū Mén) Kun 2 Ji Gui/Yi
六合 (Liù Hé) O 天辅 (Tiān Fǔ) 死门 (Sǐ Mén) Zhen 3 Bing Ding	YangDun#6 Hora: WuShen ©Calvin Yap	九天 (Jiǔ Tiān) 天心 (Tiān Xīn) 生门 (Shēng Mén) Dui 7 Wu Ji
太阴 (Tài Yīn) O 马 天冲 (Tiān Chōng) 景门 (Jǐng Mén) Gen 8 Ding Geng	螣蛇 (Téng Shé) 天任 (Tiān Rèn) 杜门 (Dù Mén) Kan 1 Geng Ren	值符 (Zhí Fú) 天蓬 (Tiān Péng) 伤门 (Shāng Mén) Qian 6 Ren Wu

Análisis

El asunto de la pregunta era dar a luz. Basado en el mapa, el Tronco Celeste de la Hora es Wu, que está en el Palacio Dui 7 con 生门 (Shēng Mén), 九天 (Jiǔ Tiān) y 天心 (Tiān Xīn). 天心 (Tiān Xīn) es también el Yong Shen (Dios Útil) para doctor. Entonces, el asunto de la pregunta era dar a luz, entonces en base al palacio del Tronco Celeste de la hora, mostraba que daría a luz pronto.

El Palacio Dui 7 es donde está la Rama Terrenal You. La Rama Terrenal You está entre 5-7pm. Por lo tanto, predije que ella podría entrar en labor de parto en la hora You.

¿Por qué su hijo nacería al día siguiente en la Hora Wu? El mapa para la hora Wu del día siguiente es el siguiente:

Hora	Día	Mes	Año
Wu	Wu	Bing	Ren
Wu	Xu	Wu	Chen

Por el mapa trazado, el Tronco Celeste Wu está en el Palacio Dui 7 con, entonces el bebé debería nacer en el Tronco Celeste del Día o la Hora Wu. El día siguiente era Wu Xu y hora Wu Wu. Por lo tanto, predije que su hijo nacería al siguiente día en la hora Wu.

Al principio, ella no me creyó y lo ignoró. A las 6pm, recibí un mensaje de texto de ella diciendo que su bolsa de aguas estaba goteando y estaba en el hospital. Su hijo nació al día siguiente a las 11:17 am.

Caso 8: Colega preocupada por su salud

Antecedentes

Durante una charla informal después del almuerzo, una de mis colegas estaba preocupada por su salud. Por lo tanto, tracé un mapa Qi Men Dun Jia. Le dije que estaba teniendo problemas con su sistema respiratorio y era muy probable que requiriera cirugía. Dijo que había tenido una operación recientemente. Le dije que ella debería estar bien y no había nada por qué preocuparse.

La fecha y hora en que la pregunta se hizo fue: 5 de Febrero, 2010 a las 14:00

El mapa es el siguiente:

Hora	Día	Mes	Año
Yi	Bing	Wu	Geng
Wei	Xu	Yin	Yin

YangDun#5 Hora: **YiWei** ; 直符(ZhíFú): **天任 (Tiān Rèn)** ; 直使(ZhíShǐ): **生门 (Shēng Mén)** ; 旬首(XúnShǒu): **JiaWuXin**

值符 (Zhí Fú) O 马 天任 (Tiān Rèn) 休门 (Xiū Mén) Xun 4 Xin Yi	螣蛇 (Téng Shé) 天冲 (Tiān Chōng) 生门 (Shēng Mén) Li 9 Bing Ren	太阴 (Tài Yīn) 天辅 (Tiān Fǔ) 伤门 (Shāng Mén) Kun 2 Yi Ding/Wu
九天 (Jiǔ Tiān) 天蓬 (Tiān Péng) 开门 (Kāi Mén) Zhen 3 Gui Bing	YangDun#5 Hora: YiWei ©Calvin Yap	六合 (Liù Hé) 天英 (Tiān Yīng) 杜门 (Dù Mén) Dui 7 Ren Geng
九地 (Jiǔ Dì) 天心 (Tiān Xīn) 惊门 (Jīng Mén) Gen 8 Ji Xin	玄武 (Xuán Wǔ) 天柱 (Tiān Zhù) 死门 (Sǐ Mén) Kan 1 Geng Gui	白虎 (Bái Hǔ) 禽芮 (Qín Ruì) 景门 (Jǐng Mén) Qian 6 Ding/Wu Ji

Tiān Ruì representa Enfermedad, con Jǐng Mén significa que hay calamidad de sangre.

Analysis

El Yong Shen (Dios Útil) para enfermedad es 天芮 (Tiān Ruì), que está en el Palacio Qian 6 con 白虎 (Bái Hǔ) y 景门 (Jǐng Mén). El Palacio Qian 6 también significa tracto respiratorio. Por lo tanto, predije que ella tenía problemas respiratorios. Su enfermedad era bastante sería, ya que estaba 白虎 (Bái Hǔ). Además, estaba 景门 (Jǐng Mén), que representa calamidad relacionada con la sangre. Por lo tanto, su enfermedad requería cirugía.

Deduje que ella estaría bien, ya que el Tronco Celeste del Día que la representa, es Bing y está en el Palacio Li 9 con 生门 (Shēng Mén). Además, el Palacio Li 9 está restringiendo al Palacio Qian 6 (Fuego restringe al Metal). Por lo tanto, su enfermedad debía estar bajo control.

Caso 9: Casa encantada

Antecedentes

Una amiga vino a visitarme y durante la conversación sobre su nuevo lugar, preguntó sobre el Fengshui de su casa. Tracé un mapa Qi Men Dun Jia y me dijo que su casa tenía un problema Fengshui. Me comentó que su hija tenía miedo de entrar en una habitación en el sector Este de la casa. Le dije que su casa estaba potencialmente encantada.

La fecha y hora en que la pregunta se hizo fue: 6 de Julio, 2010 a las 22:00

El mapa es el siguiente:

Hora	Día	Mes	Año
Xin	Ding	Ren	Geng
Hai	Si	Wu	Yin

TC del Día con Tài Yīn, este lugar tiene espíritus

YinDun#3 Hora: **XinHai** ; 直符(ZhíFú): 天任 **(Tiān Rèn)** ;
直使(ZhíShǐ): 生门 **(Shēng Mén)** ; 旬首(XúnShǒu): **JiaChenRen**

螣蛇 (Téng Shé) 马 天蓬 (Tiān Péng) 景门 (Jǐng Mén) Xun 4 Geng Yi	值符 (Zhí Fú) 天任 (Tiān Rèn) 死门 (Sǐ Mén) Li 9 Ren Xin	九天 (Jiǔ Tiān) 天冲 (Tiān Chōng) 惊门 (Jīng Mén) Kun 2 Wu Ji/Bing
太阴 (Tài Yīn) O 天心 (Tiān Xīn) 杜门 (Dù Mén) Zhen 3 Ding Wu	YinDun#3 Hora: XinHai ©Calvin Yap	九地 (Jiǔ Dì) 天辅 (Tiān Fǔ) 开门 (Kāi Mén) Dui 7 Yi Gui
六合 (Liù Hé) O 天柱 (Tiān Zhù) 伤门 (Shāng Mén) Gen 8 Gui Ren	白虎 (Bái Hǔ) 禽芮 (Qín Ruì) 生门 (Shēng Mén) Kan 1 Ji/Bing Geng	玄武 (Xuán Wǔ) 天英 (Tiān Yīng) 休门 (Xiū Mén) Qian 6 Xin Ding

Análisis

Ella estaba preguntando sobre el Fengshui de su casa. Entonces, el asunto de la pregunta está representado por el Tronco Celeste de la Hora Xin, que está en el Palacio Qian 6. En el Palacio Qian 6, están 玄武 (Xuán Wǔ), 天英 (Tiān Yīng) y 休门 (Xiū Mén). Con 玄武 (Xuán Wǔ) significa que la casa tiene "cosas divertidas" sucediendo.

En el sector Este de la casa, vemos el Palacio Zhen 3 y está 太阴 (Tài Yīn). 太阴 (Tài Yīn) significa espíritu y con 杜门 (Dù Mén) significa que un espíritu podría estar atascado aquí.

Ella no creía al principio, pero unos meses después, un amigo de su esposo, que es médium, fue a visitarlos. El amigo de su esposo les dijo que ahí estaba el espíritu de una mujer anciana viviendo en la casa.

Caso 10: La novia lo dejó

Antecedentes

Recibí un email de un amigo diciendo que su novia lo había dejado. Tracé un mapa Qi Men Dun Jia y le dije que su relación ya estaba teniendo problemas y ella lo dejó por alguien más.

La fecha y hora en que la pregunta se hizo fue: 5 de Diciembre, 2011 a las 15:30

El mapa es el siguiente:

Hora	Día	Mes	Año
Ren	Jia	Ji	Xin
Shen	Wu	Hai	Mao

Yong Shen para relaciones

YinDun#5 Hora: **RenShen** ; 直符(ZhíFú): **天禽(Tiān Qín)** ; 直使(ZhíShǐ): **死门 (Sǐ Mén)** ; 旬首(XúnShǒu): **JiaZiWu**

玄武 (Xuán Wǔ) 天蓬 (Tiān Péng) 生门 (Shēng Mén) Xun 4 Ren Ji	白虎 (Bái Hǔ) 天任 (Tiān Rèn) 伤门 (Shāng Mén) Li 9 Ding Gui	六合 (Liù Hé) 天冲 (Tiān Chōng) 杜门 (Dù Mén) Kun 2 Geng Xin/Wu
九地 (Jiǔ Dì) 天心 (Tiān Xīn) 休门 (Xiū Mén) Zhen 3 Yi Geng	YinDun#5 Hora: RenShen ©Calvin Yap	太阴 (Tài Yīn) 天辅 (Tiān Fǔ) 景门 (Jǐng Mén) Dui 7 Ji Bing
九天 (Jiǔ Tiān) 马 天柱 (Tiān Zhù) 开门 (Kāi Mén) Gen 8 Bing Ding	值符 (Zhí Fú) 禽芮 (Qín Ruì) 惊门 (Jīng Mén) Kan 1 Xin/Wu Ren	螣蛇 (Téng Shé) O 天英 (Tiān Yīng) 死门 (Sǐ Mén) Qian 6 Gui Yi

Análisis

El Yong Shen (Dios Útil) para relaciones es 六合 (Liù Hé), que está en el Palacio Kun 2 con 天冲 (Tiān Chōng) y 杜门 (Dù Mén). Esto significa que la relación tiene problemas, ya que 杜门 (Dù Mén) significa que hay choques y significa atorado. Por lo tanto, la relación estaba atorada.

Representando a su novia está Ji, que está en el Palacio Dui 7. Debajo de Ji, está Bing, que representa un tercero, hombre. Por lo tanto, le dije que ella lo dejaba por alguien más.

Caso 11: Proyecto con problemas, tomar acción

Antecedentes

Uno de mis estudiantes estaba entregando un proyecto e hizo una adivinación sobre si iba a poder entregarlo exitosamente.

La fecha y hora en que la pregunta se hizo fue: 5 de Mayo, 2014 a las 17:00

El mapa es el siguiente:

Hora	Día	Mes	Año
Ding	Bing	Wu	Jia
You	Zi	Chen	Wu

YangDun#8 Hora: **DingYou** ; 直符(ZhíFú): **天芮 (Tiān Ruì)** ;
直使(ZhíShǐ): **死门 (Sǐ Mén)** ; 旬首(XúnShǒu): **JiaWuXin**

九地 (Jiǔ Dì) O 天辅 (Tiān Fǔ) 杜门 (Dù Mén) Xun 4 Gui Gui	九天 (Jiǔ Tiān) 天英 (Tiān Yīng) 景门 (Jǐng Mén) Li 9 Ji Ji	值符 (Zhí Fú) 禽芮 (Qín Ruì) 死门 (Sǐ Mén) Kun 2 Xin/Ding Xin/Ding
玄武 (Xuán Wǔ) 天冲 (Tiān Chōng) 伤门 (Shāng Mén) Zhen 3 Ren Ren	YangDun#8 Hora: DingYou **Fu Yin** ©Calvin Yap	螣蛇 (Téng Shé) 天柱 (Tiān Zhù) 惊门 (Jīng Mén) Dui 7 Yi Yi
白虎 (Bái Hǔ) 天任 (Tiān Rèn) 生门 (Shēng Mén) Gen 8 Wu Wu	六合 (Liù Hé) 天蓬 (Tiān Péng) 休门 (Xiū Mén) Kan 1 Geng Geng	太阴 (Tài Yīn) 马 天心 (Tiān Xīn) 开门 (Kāi Mén) Qian 6 Bing Bing

Análisis

Este es un mapa Fu Yin. De ahí que cualquier asunto preguntado no sería exitoso. El resultado estaría estancado. Por lo tanto, aconsejé a mi estudiante cambiar la estrategia y tratar de involucrar de nuevo al cliente.

Unos meses después, mi estudiante me escribió diciéndome que el proyecto estaba terminado y recibió una carta de elogio por parte del cliente. Mi estudiante me dijo que inicialmente en cliente era muy malo y se mantenía buscando fallas en el proyecto. Mi estudiante consiguió involucrar a otro gestor para ayudarlo y logró negociar y recuperar el proyecto.

Así, si mi estudiante hubiera continuado empleando al gestor original, el proyecto hubiera fracasado. Sin embargo, mi estudiante decidió tomar acción y contratar a otro gestor.

Caso 12: Entrevista de padres voluntarios

Antecedentes

Uno de mis amigos fue a una Entrevista de Padres Voluntarios. En Singapur, para asegurarse de estás dando prioridad para que tu hijo entre a cierta escuela, los padres tienen que ser voluntarios en esa escuela en particular. Los padres usualmente tienen que atravesar la sesión de entrevistas antes de ser seleccionados.

Entonces, mi amigo me llamó y me pidió que hiciera una adivinación sobre si su selección sería exitosa. Él nació en un año Jia Yin.

La fecha y hora en que la pregunta se hizo fue: 7 de Marzo, 2014 a las 11:00

El mapa es el siguiente:

Hora	Día	Mes	Año
Bing	Ding	Ding	Jia
Wu	Chou	Mao	Wu

Usando el Año de Nacimiento, analizar Gui

YangDun#4 Hora: **BingWu** ; 直符(ZhíFú): **天任 (Tiān Rèn)** ;
直使(ZhíShǐ): **生门 (Shēng Mén)** ; 旬首(XúnShǒu): **JiaChenRen**

九地 (Jiǔ Dì) 天心 (Tiān Xīn) 景门 (Jǐng Mén) Xun 4 Geng Wu	九天 (Jiǔ Tiān) 天蓬 (Tiān Péng) 死门 (Sǐ Mén) Li 9 Ding Gui	值符 (Zhí Fú) 马 天任 (Tiān Rèn) 惊门 (Jīng Mén) Kun 2 Ren Bing/Ji
玄武 (Xuán Wǔ) O 天柱 (Tiān Zhù) 杜门 (Dù Mén) Zhen 3 Xin Yi	YangDun#4 Hora: BingWu **Fan Yin** ©Calvin Yap	腾蛇 (Téng Shé) 天冲 (Tiān Chōng) 开门 (Kāi Mén) Dui 7 Yi Xin
白虎 (Bái Hǔ) O 禽芮 (Qín Ruì) 伤门 (Shāng Mén) Gen 8 Bing/Ji Ren	六合 (Liù Hé) 天英 (Tiān Yīng) 生门 (Shēng Mén) Kan 1 Gui Ding	太阴 (Tài Yīn) 天辅 (Tiān Fǔ) 休门 (Xiū Mén) Qian 6 Wu Geng

Análisis

Él nació en un Año Jia Yin, entonces usamos Gui. Gui está en el Palacio Kan 1 con 六合 (Liù Hé), 天英 (Tiān Yīng) y 生门 (Shēng Mén). El entrevistador es representado por 天辅 (Tiān Fǔ) en el Palacio Qian 6 y está en situación de producir a Gui, que representa a mi amigo. Basado en el análisis, su entrevista debe ser exitosa.

Observando el mapa, el Tronco Celeste del Día representa a todos los padres que van a la entrevista. El Tronco Celeste del Día es Ding, que está en el Palacio Li 9 con 死门 (Sǐ Mén) y 天蓬 (Tiān Péng). 天蓬 (Tiān Péng) significa robo, entonces, ellos están tratando de superarse entre sí para robar la oportunidad.

Me dijo que había conseguido con éxito el papel de padre voluntario. Dijo que la entrevista estuvo tensa y competitiva porque todos los padres estaban tratando de superarse uno al otro.

Caso 13: Relación

Antecedentes

Una dama vino a consulta y preguntó sobre su relación. Tracé un mapa Qi Men Dun Jia y le dije que su esposo estaba teniendo una aventura. Se sorprendió con la precisión de la lectura.

La fecha y hora en que la pregunta se hizo fue: 9 de Febrero, 2010 a las 12:00

El mapa es el siguiente:

Hora	Día	Mes	Año
Ren	Geng	Wu	Geng
Wu	Yin	Yin	Yin

YangDun#2 Hora: **RenWu** ; 直符(ZhíFú): **天冲 (Tiān Chōng)** ; 直使(ZhíShǐ): **伤门 (Shāng Mén)** ; 旬首(XúnShǒu): **JiaXuJi**

白虎 (Bái Hǔ) 天柱 (Tiān Zhù) 休门 (Xiū Mén) Xun 4 Gui Geng	玄武 (Xuán Wǔ) 天心 (Tiān Xīn) 生门 (Shēng Mén) Li 9 Ren Bing	九地 (Jiǔ Dì) O 马 天蓬 (Tiān Péng) 伤门 (Shāng Mén) Kun 2 Yi Wu/Xin
六合 (Liù Hé) 禽芮 (Qín Ruì) 开门 (Kāi Mén) Zhen 3 Wu/Xin Ji	YangDun#2 Hora: RenWu ©Calvin Yap	九天 (Jiǔ Tiān) O 天任 (Tiān Rèn) 杜门 (Dù Mén) Dui 7 Ding Gui
太阴 (Tài Yīn) 天英 (Tiān Yīng) 惊门 (Jīng Mén) Gen 8 Bing Ding	螣蛇 (Téng Shé) 天辅 (Tiān Fǔ) 死门 (Sǐ Mén) Kan 1 Geng Yi	值符 (Zhí Fú) 天冲 (Tiān Chōng) 景门 (Jǐng Mén) Qian 6 Ji Ren

Yong Shen para relaciones

Análisis

El Tronco Celeste del Día representa a la persona que pregunta. El Tronco Celeste del Día es Geng, que está en el Palacio Kan 1 con 死门 (Sǐ Mén) y 螣蛇 (Téng Shé). Entonces, ella estaba en período de mala suerte y estaba enfadada. Representando a su esposo está Yi, que está en el Palacio Kun 2 con Kong y Caballo. Esto es por lo que su esposo podría haberla dejado o ya no estaba por ahí.

Además, Geng y Yi están en una Placa diferente, así, ellos ya estaban separados.

Representando al matrimonio está 六合 (Liù Hé) que está en el Palacio Zhen 3. Con 天芮 (Tiān Ruì), esto significa que su matrimonio tiene problemas. Además, está 开门 (Kāi Mén) y esto significa que su matrimonio está abierto para que una tercera persona entre.

Representando a la tercera persona (la amante del marido) está Ding, que está en el Palacio Dui 7. Está en una situación difícil con su marido en el Palacio Kun 2. Tal como predije, su marido tenía una aventura y ya la dejó.

Casos Bazi

Indicador de Cáncer de Mama

Angelina Jolie decidió practicarse una mastectomía doble para prevenir el cáncer de mama. Conmocionó al mundo, ya que ella extirpó sus pechos no porque tuviera cáncer, sino como medida de precaución para evitar contraer cáncer. La actriz tiene un gen defectuoso, el BRCA1, que incrementa significativamente el riesgo de desarrollar cáncer de mama y cáncer de ovario. Esta última enfermedad mató a su madre a los 56 años.

Según The Guardian, las mujeres con un defecto en BRCA1 tienen un promedio de 65% de riesgo de desarrollar cáncer de mama. Jolie dijo que sus doctores le dijeron que su riesgo era de 87% y esa cirugía lo redujo a un 5%. El defecto también incrementa el riesgo del cáncer de ovario, de lo cual Jolie dijo que la estimación del doctor para ella era de 50%.

Esto realmente hace subir las discusiones en el mundo asiático. La mayoría de los médicos en Singapur realmente no recomiendan la mastectomía a menos que sea necesario.

Recuerdo que mi Maestro me dijo una vez hace un par de años, que el cáncer de mama se puede considerar como un indicador en un mapa Bazi. Por lo tanto, estoy compartiendo esta información al público en general para que estén bien informados y tomen las medidas necesarias, sean cual sean. Ten en cuenta que tener dicho indicador en un Bazi no significa que tendrás cáncer de mama. Sólo te pone en el grupo de mayor riesgo. Además, también existen otros factores que requieren un mayor análisis. Por ejemplo, el Fengshui de tu casa –si apoya la enfermedad o apoya la cura de la enfermedad. El tiempo es otro factor que necesita ser tomado en consideración. Esto es cuando la enfermedad puede ser detectada. Al igual que lo que se ha informado, tener un defecto BRCA1 no significa que desarrollarás cáncer de mama; sólo aumenta las posibilidades.

En Qi Men Dun Jia, el Palacio Zhen 3 y el Palacio Dui 7 representan el seno izquierdo y el seno derecho, respectivamente. Si hay Geng o Xin en cualquiera o en ambos palacios, entonces indica que existe crecimiento potencial en esas áreas. El peor caso es cuando la estrella 天芮 (Tiān Ruì) está residiendo ya sea en el palacio Zhen 3 o Dui 7.

Caso 14: Sheryl Crow (diagnosticada en 2006 a los 44 años)

"Soy un anuncio andante de la detección temprana," dijo Sheryl Crow en Octubre de 2006 por la detección de calcificaciones sospechosas en ambos senos en una mamografía de rutina. La rockera inmediatamente pospuso un viaje, entró en cirugía y tuvo siete semanas de radiación, complementada con acupuntura y tés herbales. Crow –cuyo compromiso con el ciclista Lance Armstrong terminó alrededor del tiempo en que fue diagnosticada– pudo evitar la quimioterapia debido a que su cáncer fue detectado tan temprano. En Marzo de 2007, Crow (que no tiene antecedentes familiares cercanos de cáncer de mama) pidió al Congreso financiar la investigación sobre los posibles vínculos entre el cáncer de mama y los factores ambientales.

Fuente: http://www.health.com/health/gallery/0,,20307103_2,00.html

Fecha de nacimiento: 11, Feb 1962 a las 09:58 (Fuente: Astro Databank)

El mapa es el siguiente:

Hora	Día	Mes	Año
Xin	Geng	Ren	Ren
Si	Chen	Yin	Yin

Tiān Ruì = Enfermedad

YangDun#8 Hora: **XinSi** ; 直符(ZhíFú): **天英 (Tiān Yīng)** ; 直使(ZhíShǐ): **景门 (Jǐng Mén)** ; 旬首(XúnShǒu): **JiaXuJi**

九地 (Jiǔ Dì) 天冲 (Tiān Chōng) 生门 (Shēng Mén) Xun 4 Ren Gui	九天 (Jiǔ Tiān) 天辅 (Tiān Fǔ) 伤门 (Shāng Mén) Li 9 Gui Ji	值符 (Zhí Fú) O 天英 (Tiān Yīng) 杜门 (Dù Mén) Kun 2 Ji Xin/Ding
玄武 (Xuán Wǔ) 天任 (Tiān Rèn) 休门 (Xiū Mén) Zhen 3 Wu Ren	YangDun#8 Hora: XinSi ©Calvin Yap	螣蛇 (Téng Shé) O 禽芮 (Qín Ruì) 景门 (Jǐng Mén) Dui 7 Xin/Ding Yi
白虎 (Bái Hǔ) 天蓬 (Tiān Péng) 开门 (Kāi Mén) Gen 8 Geng Wu	六合 (Liù Hé) 天心 (Tiān Xīn) 惊门 (Jīng Mén) Kan 1 Bing Geng	太阴 (Tài Yīn) 马 天柱 (Tiān Zhù) 死门 (Sǐ Mén) Qian 6 Yi Bing

Análisis

El Yong Shen (Dios Útil) para enfermedad es 天芮 (Tiān Ruì) que está en el Palacio Dui 7. Para las mujeres, Dui 7 representa el seno derecho. En el Palacio Dui 7 está Xin, que representa pequeño crecimiento.

Ella fue diagnosticada en 2006, que fue el año Bing Xu. Sin embargo, creo que su problema pudo haber comenzado en 2005, año Ding You. Esto es porque la Rama Terrenal You estaba en el Palacio 7, que es donde el Kong se habría llenado durante ese año.

Caso 15: Kylie Minogue (diagnosticada en 2005 a los 36 años)

Un diagnóstico erróneo casi pierde a la estrella de pop australiana Kylie Minogue su oportunidad de luchar –y derrotar– el cáncer de mama. No fue hasta que decidió hacer una segunda ronda de pruebas que los médicos encontraron un bulto en su seno izquierdo. Siguieron una mastectomía parcial, quimioterapia y radiación.

La cantante ha salido de su calvario con una petición de que las mujeres deben confiar más en sus instintos cuando van al médico. "Sólo porque alguien trae una bata blanca y usa grandes instrumentos médicos, no necesariamente significa que tiene la razón", dijo a Ellen DeGeneres en 2007.

Fuente: http://www.health.com/health/gallery/0,,20307103_4,00.html

Fecha de nacimiento: 28 May 1968 a las 11:16 (Fuente: Astro Databank)

El mapa es el siguiente:

Hora	Día	Mes	Año
Wu	Wu	Ding	Wu
Wu	Xu	Si	Shen

Tiān Ruì = Enfermedad

YangDun#5 Hora: **WuWu** ; 直符(ZhíFú): **天蓬 (Tiān Péng)** ;
直使(ZhíShǐ): **休门 (Xiū Mén)** ; 旬首(XúnShǒu): **JiaYinGui**

九地 (Jiǔ Dì) 天柱 (Tiān Zhù) 惊门 (Jīng Mén) Xun 4 Geng Yi	九天 (Jiǔ Tiān) 天心 (Tiān Xīn) 开门 (Kāi Mén) Li 9 Ji Ren	值符 (Zhí Fú) 马 天蓬 (Tiān Péng) 休门 (Xiū Mén) Kun 2 Gui Ding/Wu
玄武 (Xuán Wǔ) 禽芮 (Qín Ruì) 死门 (Sǐ Mén) Zhen 3 Ding/Wu Bing	YangDun#5 Hora: WuWu ©Calvin Yap	螣蛇 (Téng Shé) 天任 (Tiān Rèn) 生门 (Shēng Mén) Dui 7 Xin Geng
白虎 (Bái Hǔ) O 天英 (Tiān Yīng) 景门 (Jǐng Mén) Gen 8 Ren Xin	六合 (Liù Hé) O 天辅 (Tiān Fǔ) 杜门 (Dù Mén) Kan 1 Yi Gui	太阴 (Tài Yīn) 天冲 (Tiān Chōng) 伤门 (Shāng Mén) Qian 6 Bing Ji

Análisis

El Yong Shen (Dios Útil) para enfermedad es 天芮 (Tiān Ruì) que está en el Palacio Zhen 3. Para las mujeres, el Palacio Zhen 3 representa seno izquierdo. Observando al Palacio Dui 7, están Xin y Geng residiendo en este palacio. Xin and Geng son indicadores para crecimiento.

Ella fue diagnisticada en 2005, año Ding You. Ding está en el Palacio Zhen 3 junto con su Maestro del Día, Wu. Mientras que You está en el Palacio Dui 7 chocando con el Palacio Zhen 3.

Caso 16: Christina Applegate (diagnosticada en 2008 a los 36 años)

Para la mayoría de las mujeres, la idea de separarse de un seno, y mucho menos de dos, es inimaginable. Pero eso es lo que la actriz Christina Applegate optó por hacer después de que se le diagnosticó cáncer de mama en el verano de 2008, a pesar de que el cáncer sólo se encontraba en un seno.

Applegate –quien dio positivo para la mutación del gen BRCA-1 y cuya madre es una sobreviviente de cáncer– dijo que eligió la mastectomía para reducir la posibilidad de que el cáncer pudiera propagarse o reaparecer. Applegate más adelante fundó Right Action for Women, una organización no lucrativa que proporciona ayuda financiera a las mujeres con alto riesgo de cáncer de mama.

Fuente: http://www.health.com/health/gallery/0,,20307103_8,00.html

Fecha de nacimiento: 25 Nov 1971 a las 17:45 (Fuente: Astro Databank)

El mapa es el siguiente:

Hora	Día	Mes	Año
Gui	Jia	Ji	Xin
You	Yin	Hai	Hai

Tiān Ruì = Enfermedad

YinDun#8 Hora: **GuiYou** ; 直符(ZhíFú): **天任 (Tiān Rèn)** ;
直使(ZhíShǐ): **生门 (Shēng Mén)** ; 旬首(XúnShǒu): **JiaZiWu**

九天 (Jiǔ Tiān) 天冲 (Tiān Chōng) 杜门 (Dù Mén) Xun 4 Gui Ren	九地 (Jiǔ Dì) 天辅 (Tiān Fǔ) 景门 (Jǐng Mén) Li 9 Ren Yi	玄武 (Xuán Wǔ) 天英 (Tiān Yīng) 死门 (Sǐ Mén) Kun 2 Yi Ding/Xin
值符 (Zhí Fú) 天任 (Tiān Rèn) 伤门 (Shāng Mén) Zhen 3 Wu Gui	YinDun#8 Hora: GuiYou ©Calvin Yap	白虎 (Bái Hǔ) 禽芮 (Qín Ruì) 惊门 (Jīng Mén) Dui 7 Ding/Xin Ji
腾蛇 (Téng Shé) 天蓬 (Tiān Péng) 生门 (Shēng Mén) Gen 8 Bing Wu	太阴 (Tài Yīn) 天心 (Tiān Xīn) 休门 (Xiū Mén) Kan 1 Geng Bing	六合 (Liù Hé) **O 马** 天柱 (Tiān Zhù) 开门 (Kāi Mén) Qian 6 Ji Geng

Análisis

El Yong Shen (Dios Útil) para enfermedad es 天芮 (Tiān Ruì) que está en el Palacio Dui 7. Para las mujeres, Dui 7 representa el seno derecho. En el mismo palacio, está Xin, que es un indicador de crecimiento.

Ella fue diagnosticada en 2008, año Wu Zi. Wu estaba en el Palacio Zhen 3 chocando con el Palacio Dui 7 donde está la Estrella de enfermedad 天芮 (Tiān Ruì).

Caso 17: Judy Holliday

Judy Holliday (Junio 21, 1921 – Junio 7, 1965) era una actriz, comediante y cantante norteamericana.

Comenzó su carrera como parte de un acto de un club nocturno antes de trabajar en obras y musicales en Broadway. Su éxito en la producción de 1946 de Born Yesterday como "Billie Dawn" la llevó a ser lanzada en la versión película de 1950 por la que ganó un Oscar a la Mejor Actriz y un Globo de Oro a la mejor actriz – Película Musical o Comedia. Apareció regularmente en películas durante la década de los 50's. Se destacó por su actuación en Broadway en el musical Bells Are Ringing, ganando un Premio Tony por Mejor Actuación como Actriz Principal en un musical y retomó su papel en la película de 1960.

Murió de cáncer de seno el 7 de Junio, 1965 a los 43 años

Fuente: http://en.wikipedia.org/wiki/Judy_Holliday

Fecha de nacimiento: 21 Jun 1921 a las 23:40 (Fuente: Astro Databank)

El mapa es el siguiente:

Hora	Día	Mes	Año
Wu	Bing	Jia	Xin
Zi	Chen	Wu	You

Tiān Ruì = Enfermedad

YangDun#3 Hora: **WuZi** ; 直符(ZhíFú): 天禽(Tiān Qín) ;
直使(ZhíShǐ): 死门 **(Sǐ Mén)** ; 旬首(XúnShǒu): JiaShenGeng

螣蛇 (Téng Shé) 天柱 (Tiān Zhù) 景门 (Jǐng Mén) Xun 4 Ren Ji	太阴 (Tài Yīn) O 天心 (Tiān Xīn) 死门 (Sǐ Mén) Li 9 Xin Ding	六合 (Liù Hé) O 天蓬 (Tiān Péng) 惊门 (Jīng Mén) Kun 2 Bing Yi/Geng
值符 (Zhí Fú) 禽芮 (Qín Ruì) 杜门 (Dù Mén) Zhen 3 Yi/Geng Wu	YangDun#3 Hora: WuZi ©Calvin Yap	白虎 (Bái Hǔ) 天任 (Tiān Rèn) 开门 (Kāi Mén) Dui 7 Gui Ren
九天 (Jiǔ Tiān) 马 天英 (Tiān Yīng) 伤门 (Shāng Mén) Gen 8 Ding Gui	九地 (Jiǔ Dì) 天辅 (Tiān Fǔ) 生门 (Shēng Mén) Kan 1 Ji Bing	玄武 (Xuán Wǔ) 天冲 (Tiān Chōng) 休门 (Xiū Mén) Qian 6 Wu Xin

Análisis

El Yong Shen (Dios Útil) para enfermedad es 天芮 (Tiān Ruì) que está en el Palacio Zhen 3. Ahora ya sabemos que para las mujeres, el Palacio Zhen 3 representa seno izquierdo. En el mismo palacio, podemos ver que está Geng y es un indicador de crecimiento.

Caso 18: Angelina Jolie

El 16 de Febrero, 2013, a los 37 años, Jolie se sometió a una mastectomía doble preventiva después de que supo que tenía un 87% de riesgo de desarrollar cáncer de seno debido a un gen BRCA1 defectuoso. Su historia familiar garantizaba pruebas genéticas para mutaciones del BRCA: su madre, la actriz Marcheline Bertrand, tuvo cáncer de seno y murió de cáncer de ovario en 2007 a los 56 años, mientras que su abuela materna tuvo cáncer de ovario y murió a los 45 años. Su tía materna Debbie Martin, quien tenía el mismo gen BRCA1 defectuoso de Jolie, fue diagnosticada con cáncer de seno en 2004 y murió a los 61 años el 26 de Mayo de 2013. La mastectomía de Jolie redujo sus riesgos de desarrollar cáncer de seno a menos de un 5 por ciento, y las pruebas de los tejidos no mostraron signos de células cancerosas. El 27 de Abril, Jolie tuvo una cirugía reconstructiva que involucraba implantes y aloinjertos (transplantes). Según los informes, tiene la intención de someterse a una ooforectomía preventiva (ovariectomía), ya que todavía tiene un riesgo del 50% de desarrollar cáncer de ovario debido a la misma anomalía genética.

Fuente: http://en.wikipedia.org/wiki/Angelina_Jolie

Fecha de nacimiento: 4 de Junio 1975 at 09:09 (Fuente: Astro Databank)

El mapa es el siguiente:

Hora	Día	Mes	Año
Gui	Xin	Xin	Yi
Si	Si	Si	Mao

YangDun#5 Hora: **GuiSi** ; 直符(ZhíFú): **天柱 (Tiān Zhù)** ;
直使(ZhíShǐ): **惊门 (Jīng Mén)** ; 旬首(XúnShǒu): **JiaShenGeng**

六合 (Liù Hé) 天任 (Tiān Rèn) 杜门 (Dù Mén) Xun 4 Xin Yi	白虎 (Bái Hǔ) O 天冲 (Tiān Chōng) 景门 (Jǐng Mén) Li 9 Bing Ren	玄武 (Xuán Wǔ) O 天辅 (Tiān Fǔ) 死门 (Sǐ Mén) Kun 2 Yi Ding/Wu
太阴 (Tài Yīn) 天蓬 (Tiān Péng) 伤门 (Shāng Mén) Zhen 3 Gui Bing	YangDun#5 Hora: GuiSi ©Calvin Yap	九地 (Jiǔ Dì) 天英 (Tiān Yīng) 惊门 (Jīng Mén) Dui 7 Ren Geng
螣蛇 (Téng Shé) 天心 (Tiān Xīn) 生门 (Shēng Mén) Gen 8 Ji Xin	值符 (Zhí Fú) 天柱 (Tiān Zhù) 休门 (Xiū Mén) Kan 1 Geng Gui	九天 (Jiǔ Tiān) 马 禽芮 (Qín Ruì) 开门 (Kāi Mén) Qian 6 Ding/Wu Ji

Análisis

Aunque su 天芮 (Tiān Ruì) no está residiendo ni en el Palacio Zhen 3 ni en el Palacio Dui 7, sin embargo, ella tiene un Di Pan Geng en el Palacio Dui 7. Por lo tanto, aún existen riesgos de que ella pudiera tener un crecimiento en su seno.

Observando al Palacio Kan 1, que representa ovarios para las mujeres, está Geng. Por consiguiente, sus riesgos de tener crecimiento en los ovarios es más elevado.

Indicador de Cáncer de Mama – nota

Por favor, toma nota de lo siguiente: tener a Geng y Xin con 天芮 (Tiān Ruì) en el Palacio Zhen 3 o Dui 7 no significa que tendrás cáncer de mama. Sin embargo, la prevención siempre es mejor que la cura. Entonces, para las mujeres que tengan a Geng y Xin con 天芮 (Tiān Ruì) residiendo en el Palacio Zhen 3 o Dui 7, se les recomienda hacerse un chequeo regular.

Por favor, platica con tu doctor sobre la posibilidad de tener un chequeo regular.

Habilidad para conectarse con lo sobrenatural

Estos son casos donde las personas afirmaron poder conectarse con lo sobrenatural o están inclinadas espiritualmente. Esto se puede ver con Qi Men Dun Jia Bazi. Enseguida ejemplos de personas con dicha capacidad.

Caso 19: Fecha de Nacimiento: 7 Dic 2007, hora Xu

El mapa es el siguiente:

Hora	Día	Mes	Año
Bing	Yi	Ren	Ding
Xu	Hai	Zi	Hai

YinDun#2 Hora: **BingXu** ; 直符(ZhíFú): **天英 (Tiān Yīng)** ;
直使(ZhíShǐ): **景门 (Jǐng Mén)** ; 旬首(XúnShǒu): **JiaShenGeng**

值符 (Zhí Fú) 天英 (Tiān Yīng) 生门 (Shēng Mén) Xun 4 Geng Bing	九天 (Jiǔ Tiān) O 禽芮 (Qín Ruì) 伤门 (Shāng Mén) Li 9 Wu/Ding Geng	九地 (Jiǔ Dì) O 马 天柱 (Tiān Zhù) 杜门 (Dù Mén) Kun 2 Ren Wu/Ding
螣蛇 (Téng Shé) 天辅 (Tiān Fǔ) 休门 (Xiū Mén) Zhen 3 Bing Yi	YinDun#2 Hora: BingXu ©Calvin Yap	玄武 (Xuán Wǔ) 天心 (Tiān Xīn) 景门 (Jǐng Mén) Dui 7 Gui Ren
太阴 (Tài Yīn) 天冲 (Tiān Chōng) 开门 (Kāi Mén) Gen 8 Yi Xin	六合 (Liù Hé) 天任 (Tiān Rèn) 惊门 (Jīng Mén) Kan 1 Xin Ji	白虎 (Bái Hǔ) 天蓬 (Tiān Péng) 死门 (Sǐ Mén) Qian 6 Ji Gui

Análisis

Vemos el Palacio Gen 8, donde reside el Maestro del Día Tian Pan Yi. En el mismo palacio, está 太阴 (Tài Yīn) que representa espiritual o tener la habilidad de conectarse con lo sobrenatural.

Caso 20: Fecha de Nacimiento: 22 Mar 2013 a las 06:53

El mapa es el siguiente:

Hora	Día	Mes	Año
Gui	Ding	Yi	Gui
Mao	Hai	Mao	Si

YangDun#9 Hora: **GuiMao** ; 直符(ZhíFú): **天冲 (Tiān Chōng)** ; 直使(ZhíShǐ): **伤门 (Shāng Mén)** ; 旬首(XúnShǒu): **JiaWuXin**		
九地 (Jiǔ Dì) O 马 天蓬 (Tiān Péng) 杜门 (Dù Mén) Xun 4 Ji Ren	九天 (Jiǔ Tiān) 天任 (Tiān Rèn) 景门 (Jǐng Mén) Li 9 Yi Wu	值符 (Zhí Fú) 天冲 (Tiān Chōng) 死门 (Sǐ Mén) Kun 2 Xin Geng/Gui
玄武 (Xuán Wǔ) 天心 (Tiān Xīn) 伤门 (Shāng Mén) Zhen 3 Ding Xin	YangDun#9 Hora: GuiMao ©Calvin Yap	螣蛇 (Téng Shé) 天辅 (Tiān Fǔ) 惊门 (Jīng Mén) Dui 7 Ren Bing
白虎 (Bái Hǔ) 天柱 (Tiān Zhù) 生门 (Shēng Mén) Gen 8 Bing Yi	六合 (Liù Hé) 禽芮 (Qín Ruì) 休门 (Xiū Mén) Kan 1 Geng/Gui Ji	太阴 (Tài Yīn) 天英 (Tiān Yīng) 开门 (Kāi Mén) Qian 6 Wu Ding

Análisis

Además de ver el Tronco Celeste del Día Tian Pan, también podemos ver el Tronco Celeste del Día Di Pan. En este caso, el Tronco Celeste del Día Di Pan es Ding, que está en el Palacio Qian 6. En el mismo palacio está 太阴 (Tài Yīn) que representa espiritual o tener la habilidad de conectarse con lo sobrenatural.

Caso 21: Fecha de Nacimiento de Nella Jones 4 May 1932 a las 10:30

El mapa es el siguiente:

Hora	Día	Mes	Año
Xin	Yi	Jia	Ren
Si	Chou	Chen	Shen

YangDun#5 Hora: **XinSi** ; 直符(ZhíFú): **天心 (Tiān Xīn)** ;
直使(ZhíShǐ): **开门 (Kāi Mén)** ; 旬首(XúnShǒu): **JiaXuJi**

太阴 (Tài Yīn) 天任 (Tiān Rèn) 开门 (Kāi Mén) Xun 4 Xin Yi	六合 (Liù Hé) 天冲 (Tiān Chōng) 休门 (Xiū Mén) Li 9 Bing Ren	白虎 (Bái Hǔ) O 天辅 (Tiān Fǔ) 生门 (Shēng Mén) Kun 2 Yi Ding/Wu
螣蛇 (Téng Shé) 天蓬 (Tiān Péng) 惊门 (Jīng Mén) Zhen 3 Gui Bing	YangDun#5 Hora: XinSi ©Calvin Yap	玄武 (Xuán Wǔ) O 天英 (Tiān Yīng) 伤门 (Shāng Mén) Dui 7 Ren Geng
值符 (Zhí Fú) 天心 (Tiān Xīn) 死门 (Sǐ Mén) Gen 8 Ji Xin	九天 (Jiǔ Tiān) 天柱 (Tiān Zhù) 景门 (Jǐng Mén) Kan 1 Geng Gui	九地 (Jiǔ Dì) 马 禽芮 (Qín Ruì) 杜门 (Dù Mén) Qian 6 Ding/Wu Ji

Análisis

En el mapa anterior, vemos al Tronco Celeste del Día Di Pan Yi que está residiendo en el Palacio Xun 4. En el mismo palacio está 太阴 (Tài Yīn) que significa que ella tiene la habilidad para conectarse con lo sobrenatural o está inclinada espiritualmente.

Caso 22: Lady Diana – En el lugar equivocado, en el momento equivocado

De la realeza británica, la hija del 8[avo] Conde de Spencer con un linaje excelente que se remonta al Siglo XV, prima 11[ava] del Príncipe Carlos, heredero al trono del Reino Unido.

Fecha de Nacimiento: 1 de Julio, 1961 a las 19:45 (Fuente: Astro Databank)

El mapa es el siguiente:

Hora	Día	Mes	Año
Bing	Yi	Jia	Xin
Xu	Wei	Wu	Chou

YinDun#9 Hora: **BingXu** ; 直符(ZhíFú): **天柱 (Tiān Zhù)** ;
直使(ZhíShǐ): **惊门 (Jīng Mén)** ; 旬首(XúnShǒu): **JiaShenGeng**

太阴 (Tài Yīn) 天英 (Tiān Yīng) 景门 (Jǐng Mén) Xun 4 Wu Gui	螣蛇 (Téng Shé) O 禽芮 (Qín Ruì) 死门 (Sǐ Mén) Li 9 Bing Wu	值符 (Zhí Fú) O 马 天柱 (Tiān Zhù) 惊门 (Jīng Mén) Kun 2 Geng Bing/Ren
六合 (Liù Hé) 天辅 (Tiān Fǔ) 杜门 (Dù Mén) Zhen 3 Gui Ding	YinDun#9 Hora: BingXu ©Calvin Yap	九天 (Jiǔ Tiān) 天心 (Tiān Xīn) 开门 (Kāi Mén) Dui 7 Xin Geng
白虎 (Bái Hǔ) 天冲 (Tiān Chōng) 伤门 (Shāng Mén) Gen 8 Ding Ji	玄武 (Xuán Wǔ) 天任 (Tiān Rèn) 生门 (Shēng Mén) Kan 1 Ji Yi	九地 (Jiǔ Dì) 天蓬 (Tiān Péng) 休门 (Xiū Mén) Qian 6 Yi Xin

Análisis

Su Maestro del Día es Yi, que está en el Palacio Qian 6, mientras que su esposo es Geng que está en el Palacio Kun 2. En el Palacio Kun está Kong y Caballo.

En Noviembre de 1980 (Geng Shen), ella conoció al Príncipe Carlos, a quien ella ya idealizaba. En 1980, año Geng Shen, con el Tronco Celeste Geng y la Rama Terrenal Shen residiendo ambos en el Palacio Kun 2, ese año se cumple el Kong (Vacío) en el Palacio Kun 2. Así, su esposo potencial apareció. Su esposo potencial es un líder (príncipe) porque en el Palacio Kun está 值符 (Zhí Fú), que representa líder.

Después de cinco meses de compromiso, se casaron en la Catedral de San Pablo el 29 de Julio, 1981 a las 11:17:30 am. 1981 fue un año Xin You; el Tronco Celeste Xin y la Rama Terrenal You estaban en el Palacio Dui 7. Opuesto a Dui 7 está el Palacio Zhen 3. En el Palacio Zhen 3, está 六合 (Liù Hé) que representa relación y estaba siendo chocado por el Palacio Dui 7. Cuando 六合 (Liù Hé) está siendo chocado, esto significa que habrá movimiento en las relaciones. Por lo tanto, ella se casó en 1981 (Xin You).

El 31 de Agosto, 1997 a las 00:25 am, Diana y Dodi se involucraron en un accidente de auto en un túnel a lo largo del río Sena en Paris. Cuando los servicios de emergencia franceses llegaron, declararon muerto a Al Fayad. Los doctores intentaron revivir a Diana a las 00:35 am. Les llevó 52 minutos extraerla del destrozado auto y transportarla cuatro millas al Hospital Pitie-Saletriere, donde llegaron a las 2:05 am. El corazón de Diana había dejado de latir a la 1:50 am. Los doctores detuvieron sus esfuerzos para revivirla a las 3:45 am y fue declarada oficialmente a las 4:07 am. Si ella y Dodi hubieran usado sus cinturones de seguridad, habrían sobrevivido.

1997 fue un año Ding Chou. Observando su Bazi Qi Men Dun Jia, Ding y Chou estaban residiendo en el Palacio Gen con 白虎 (Bái Hǔ), 天冲 (Tiān Chōng) y 伤门 (Shāng Mén). 伤门 (Shāng Mén) representa transporte y, en este caso, auto. 天冲 (Tiān Chōng) representa choque y junto con 伤门 (Shāng Mén) significaría choque de auto. Además, está 白虎 (Bái Hǔ) que significa ferozmente accidente de auto.

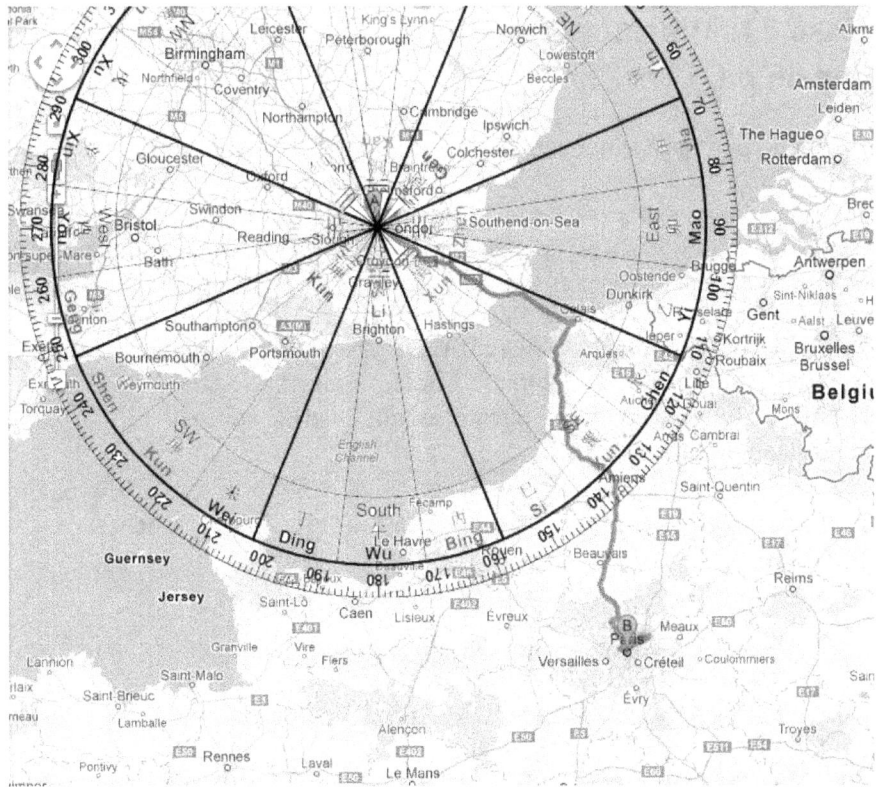

En el día del accidente, ella estaba en el sector SE (Palacio Xun 4) desde su casa. Su sector SE es su 景门 (Jǐng Mén) que representa calamidad relacionada con sangre. Chocaba a su Maestro del Día Yi, que está en el Palacio Qian 6.

Caso 23: Whitney Houston - El Fengshui no encaja con su bazi.

Diva del pop norteamericano con un rango de tres octavas, un video espectacular y actriz de cine. Una belleza precoz con virtuosismo y autoridad lírica, comenzó una carrera planeada cuidadosamente en 1981 con comerciales y spots de televisión. También modeló en Glamour y Vogue y cantó en clubs con su madre, Cissy. Con su álbum debut, Houston vendió más de 18 millones de copias en todo el mundo. Superó a los Beatles en Éxito No. 1 consecutivo y ha recibido Premios Grammy, American Music Award, People's Choice, Emmys y Astista del Año por NAACP. Descrita como un talento extraordinario, etéreo y cálido, se le considera una cantante dotada.

Fecha de Nacimiento: 9 Agosto 1963 a las 20:55 (Fuente: Astro Databank)

El mapa es el siguiente:

Hora	Día	Mes	Año
Jia	Jia	Geng	Gui
Xu	Shen	Shen	Mao

YinDun#5 Hora: **JiaXu** ; 直符(ZhíFú): **天辅 (Tiān Fǔ)** ; 直使(ZhíShǐ): **杜门 (Dù Mén)** ; 旬首(XúnShǒu): **JiaXuJi**		
值符 (Zhí Fú) 天辅 (Tiān Fǔ) 杜门 (Dù Mén) Xun 4 Ji Ji	九天 (Jiǔ Tiān) 天英 (Tiān Yīng) 景门 (Jǐng Mén) Li 9 Gui Gui	九地 (Jiǔ Dì) O 马 禽芮 (Qín Ruì) 死门 (Sǐ Mén) Kun 2 Xin/Wu Xin/Wu
螣蛇 (Téng Shé) 天冲 (Tiān Chōng) 伤门 (Shāng Mén) Zhen 3 Geng Geng	YinDun#5 Hora: JiaXu **Fu Yin** ©Calvin Yap	玄武 (Xuán Wǔ) O 天柱 (Tiān Zhù) 惊门 (Jīng Mén) Dui 7 Bing Bing
太阴 (Tài Yīn) 天任 (Tiān Rèn) 生门 (Shēng Mén) Gen 8 Ding Ding	六合 (Liù Hé) 天蓬 (Tiān Péng) 休门 (Xiū Mén) Kan 1 Ren Ren	白虎 (Bái Hǔ) 天心 (Tiān Xīn) 开门 (Kāi Mén) Qian 6 Yi Yi

Su casa donde murió: 22 North Gate Road, en Mendham, N.J.

Fuente: http://blogs.westword.com/backbeat/2012/02/whitney_houston_new_jersey_mansion_for_sale.php

La casa tiene descanso SW y Frente NE.

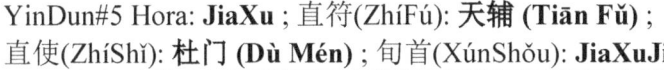

YinDun#5 Hora: **JiaXu** ; 直符(ZhíFú): **天辅 (Tiān Fǔ)** ; 直使(ZhíShǐ): **杜门 (Dù Mén)** ; 旬首(XúnShǒu): **JiaXuJi**		
值符 (Zhí Fú) 天辅 (Tiān Fǔ) 杜门 (Dù Mén) Xun 4 Ji Ji	九天 (Jiǔ Tiān) 天英 (Tiān Yīng) 景门 (Jǐng Mén) Li 9 Gui Gui	九地 (Jiǔ Dì) O 马 禽芮 (Qín Ruì) 死门 (Sǐ Mén) Kun 2 Xin/Wu Xin/Wu
螣蛇 (Téng Shé) 天冲 (Tiān Chōng) 伤门 (Shāng Mén) Zhen 3 Geng Geng	YinDun#5 Hora: JiaXu **Fu Yin** ©Calvin Yap	玄武 (Xuán Wǔ) O 天柱 (Tiān Zhù) 惊门 (Jīng Mén) Dui 7 Bing Bing
太阴 (Tài Yīn) 天任 (Tiān Rèn) 生门 (Shēng Mén) Gen 8 Ding Ding	六合 (Liù Hé) 天蓬 (Tiān Péng) 休门 (Xiū Mén) Kan 1 Ren Ren	白虎 (Bái Hǔ) 天心 (Tiān Xīn) 开门 (Kāi Mén) Qian 6 Yi Yi

Su casa descansa en Suroeste y trazándola a su bazi, el Suroeste es donde reside su 死门 (Sǐ Mén). Entonces, ella estaba viviendo en una casa que era mala para ella.

Murió el 11 de Febrero, 2012 alrededor de las 3:55 pm en el hotel Beverly Hills Hilton, CA, a los 48 años. Estaba ahí para realizar una fiesta pre-Grammy Award en Los Ángeles esa noche. La policía dijo que su personal había tomado una gran parte del cuarto piso del hotel. El informe de la autopsia, emitido unas semanas más tarde, declaró que se ahogó accidentalmente en la bañera.

2012 es Año Ren Chen. En su mapa Qi Men, Tai Sui Ren está en el Palacio Kan 1, que es Agua. Tai Sui Ren está en conflicto con el Palacio Kun 2 que es Tierra, y el Palacio Kun 2 es el descanso de su casa y también donde está su 死门 (Sǐ Mén). Por lo tanto, murió en 2012, ya que no podía usar el Fengshui de su casa para salvarla del contratiempo.

Caso 24: Michael Jordan – Feng Shui de casa que ayuda a su carrera.

Michael Jeffrey Jordan es un jugador profesional americano de básquetbol y un hombre de negocios activo. En 1991, ganó su primer campeonato NBA con los Bulls y continuó con títulos en 1992 y 1993, asegurando un "tricampeonato". La segunda temporada de Jordan fue corta debido a un pie fracturado que le causó perder 64 juegos. Jordan se había recuperado completamente para la temporada 1986-87, y tuvo una de las temporadas más prolíficas en la historia NBA. Aunque Jordan dejó abruptamente la NBA al comienzo de la temporada NBA 1993-94 para buscar carrera en el béisbol, se reintegró a los Bulls en 1995 y los llevó a tres campeonatos adicionales (1996, 1997 y 1998) así como un récord NBA de 72 temporadas regulares que gana en la temporada 1995-96. Jordan se retiró por segunda vez en 1999, pero regresó por dos temporadas más de la NBA en 2001 como miembro de los Washington Wizards.

Fecha y hora de nacimiento: 17 Febrero 1963 a las 16:30 (Fuente: Astro Databank)

El mapa es el siguiente:

Hora	Día	Mes	Año
Bing	Xin	Jia	Gui
Shen	Mao	Yin	Mao

YangDun#2 Hora: **BingShen** ; 直符(ZhíFú): **天禽(Tiān Qín)** ; 直使(ZhíShǐ): **死门 (Sǐ Mén)** ; 旬首(XúnShǒu): **JiaWuXin**		
九天 (Jiǔ Tiān) O 天英 (Tiān Yīng) 伤门 (Shāng Mén) Xun 4 Bing Geng	值符 (Zhí Fú) 禽芮 (Qín Ruì) 杜门 (Dù Mén) Li 9 Wu/Xin Bing	螣蛇 (Téng Shé) 天柱 (Tiān Zhù) 景门 (Jǐng Mén) Kun 2 Gui Wu/Xin
九地 (Jiǔ Dì) 天辅 (Tiān Fǔ) 生门 (Shēng Mén) Zhen 3 Geng Ji	YangDun#2 Hora: BingShen ©Calvin Yap	太阴 (Tài Yīn) 天心 (Tiān Xīn) 死门 (Sǐ Mén) Dui 7 Ren Gui
玄武 (Xuán Wǔ) 马 天冲 (Tiān Chōng) 休门 (Xiū Mén) Gen 8 Ji Ding	白虎 (Bái Hǔ) 天任 (Tiān Rèn) 开门 (Kāi Mén) Kan 1 Ding Yi	六合 (Liù Hé) 天蓬 (Tiān Péng) 惊门 (Jīng Mén) Qian 6 Yi Ren

Casa de Michael Jordon por 20+ años: 2700 Point Dr, Highland Park, IL 60035.

Fuente: Google Map

Descanso Norte, Frente Sur

YangDun#2 Hora: **BingShen** ; 直符(ZhíFú): **天禽(Tiān Qín)** ; 直使(ZhíShǐ): **死门 (Sǐ Mén)** ; 旬首(XúnShǒu): **JiaWuXin**		
九天 (Jiǔ Tiān) **O** 天英 (Tiān Yīng) 伤门 (Shāng Mén) Xun 4 Bing Geng	值符 (Zhí Fú) 禽芮 (Qín Ruì) 杜门 (Dù Mén) Li 9 Wu/Xin Bing	腾蛇 (Téng Shé) 天柱 (Tiān Zhù) 景门 (Jǐng Mén) Kun 2 Gui Wu/Xin
九地 (Jiǔ Dì) 天辅 (Tiān Fǔ) 生门 (Shēng Mén) Zhen 3 Geng Ji	YangDun#2 Hora: BingShen ©Calvin Yap	太阴 (Tài Yīn) 天心 (Tiān Xīn) 死门 (Sǐ Mén) Dui 7 Ren Gui
玄武 (Xuán Wǔ) 马 天冲 (Tiān Chōng) 休门 (Xiū Mén) Gen 8 Ji Ding	白虎 (Bái Hǔ) 天任 (Tiān Rèn) 开门 (Kāi Mén) Kan 1 Ding Yi	六合 (Liù Hé) 天蓬 (Tiān Péng) 惊门 (Jīng Mén) Qian 6 Yi Ren

En 1991, Jordan compró un terreno en Highland Park, Illinois, para construir una mansión de 56,000 pies cuadrados, que fue completada cuatro años más tarde. Esta casa era buena para él. Trazando su bazi al descanso de la casa, que es Palacio Kan 1, está 白虎 (Bái Hǔ) y 开门 (Kāi Mén). 开门 (Kāi Mén) es el Yong Shen (Dios Útil) para carrera y junto con 白虎 (Bái Hǔ), su carrera sería feroz.

Michael Jordan tenía problemas de juego. Durante la postemporada de los Bulls en 1993, se generó una polémica cuando Jordan fue visto jugando en Atlantic City la noche antes del partido contra los Knicks de Nueva York. En ese mismo año, él admitió tener que cubrir $57,000 en pérdidas en el juego, y el autor Richard Esquinas escribió un libro diciendo que había ganado $1.25 millones de dólares de Jordan en el campo de golf.

El Yong Shen (Dios Útil) para el juego es 伤门 (Shāng Mén) que está en el Palacio Xun 4 pero está en Kong. Por lo tanto, él no tenía suerte en el juego. Sin embargo, le gustaba jugar, ya que 伤门 (Shāng Mén) está en el Palacio Xun 4, que es Madera y está alimentando la situación con su Maestro del Día Xin en el Palacio Li 9, que es Fuego.

Caso 25: Dificultades para concebir

Este es el caso de una dama que tenía dificultades para concebir. Sus dos hijos murieron en su vientre.

Su primer hijo murió en 1995 y su segundo hijo murió en 2002.

Fecha y hora de nacimiento: 20 Marzo 1969 a las 10:00

El mapa es el siguiente:

Hora	Día	Mes	Año
Ji	Jia	Ding	Ji
Si	Wu	Mao	You

YangDun#1 Hora: **JiSi** ; 直符(ZhíFú): **天蓬 (Tiān Péng)** ;
直使(ZhíShǐ): **休门 (Xiū Mén)** ; 旬首(XúnShǒu): **JiaZiWu**

九地 (Jiǔ Dì) 天柱 (Tiān Zhù) 景门 (Jǐng Mén) Xun 4 Ding Xin	九天 (Jiǔ Tiān) 天心 (Tiān Xīn) 死门 (Sǐ Mén) Li 9 Gui Yi	值符 (Zhí Fú) 天蓬 (Tiān Péng) 惊门 (Jīng Mén) Kun 2 Wu Ji/Ren
玄武 (Xuán Wǔ) 禽芮 (Qín Ruì) 杜门 (Dù Mén) Zhen 3 Ji/Ren Geng	YangDun#1 Hora: JiSi ©Calvin Yap	螣蛇 (Téng Shé) 天任 (Tiān Rèn) 开门 (Kāi Mén) Dui 7 Bing Ding
白虎 (Bái Hǔ) 天英 (Tiān Yīng) 伤门 (Shāng Mén) Gen 8 Yi Bing	六合 (Liù Hé) 天辅 (Tiān Fǔ) 生门 (Shēng Mén) Kan 1 Xin Wu	太阴 (Tài Yīn) O 马 天冲 (Tiān Chōng) 休门 (Xiū Mén) Qian 6 Geng Gui

Hora = hijos

Análisis

El Tronco Celeste de la Hora representa a sus hijos, que es Ji en el Palacio Zhen 3. En ese mismo palacio, están 杜门 (Dù Mén) y 天芮 (Tiān Ruì). 天芮 (Tiān Ruì) representa problema y 杜门 (Dù Mén) representa atascado. Por lo tanto, en su mapa natal, ella tendría dificultades para concebir.

1995 es año Yi Hai. Yi está en el Palacio Gen 8 y Hai está en el Palacio Qian 6. Ji representa a su hijo que está en el Palacio Zhen 3. El Palacio Zhen 3 está en relación de restricción con el Palacio Gen 8. Así, el hijo está restringiendo el Tronco Celeste Tai Sui Yi. Observando el Palacio Qian 6, también está restringiendo al Palacio Zhen 3. Así, la Rama Terrenal Tai Sui Hai está restringiendo a su hijo. Por lo tanto, ella perdió a su hijo ese año.

2002 es año Ren Wu. Ren está en el Palacio Zhen 3 que también es el palacio de su hijo. Wu está en el Palacio Li 9 con 九天 (Jiǔ Tiān) y 死门 (Sǐ Mén). El Palacio Li 9 está en situación de producción con el Palacio Zhen 3. Sin embargo, 九天 (Jiǔ Tiān) y 死门 (Sǐ Mén) tienen la imagen de muerte y como están en situación de producir con Zhen 3, así ella perdió a su hijo ese año.

Casos de Predicción de la Copa del Mundo

Caso 26: Brasil vs Croacia

Este fue el primer partido de la Copa del Mundo 2014. El partido se jugó en Sao Paulo el 12 de Junio, 2014 a las 17:00

El mapa es el siguiente:

Hora	Día	Mes	Año
Gui	Jia	Geng	Jia
You	Yin	Wu	Wu

YangDun#3 Hora: **GuiYou** ; 直符(ZhíFú): 天冲 **(Tiān Chōng)** ; 直使(ZhíShǐ): 伤门 **(Shāng Mén)** ; 旬首(XúnShǒu): **JiaZiWu**

太阴 (Tài Yīn) 天英 (Tiān Yīng) 杜门 (Dù Mén) Xun 4 Ding Ji	六合 (Liù Hé) 禽芮 (Qín Ruì) 景门 (Jǐng Mén) Li 9 Yi/Geng Ding	白虎 (Bái Hǔ) 天柱 (Tiān Zhù) 死门 (Sǐ Mén) Kun 2 Ren Yi/Geng
螣蛇 (Téng Shé) 天辅 (Tiān Fǔ) 伤门 (Shāng Mén) Zhen 3 Ji Wu	YangDun#3 Hora: GuiYou ©Calvin Yap	玄武 (Xuán Wǔ) 天心 (Tiān Xīn) 惊门 (Jīng Mén) Dui 7 Xin Ren
值符 (Zhí Fú) 天冲 (Tiān Chōng) 生门 (Shēng Mén) Gen 8 Wu Gui	九天 (Jiǔ Tiān) 天任 (Tiān Rèn) 休门 (Xiū Mén) Kan 1 Gui Bing	九地 (Jiǔ Dì) O 马 天蓬 (Tiān Péng) 开门 (Kāi Mén) Qian 6 Bing Xin

Análisis

Para la predicción de fútbol Qi Men Dun Jia, primero necesitamos determinar el Anfitrión y el Invitado. En este caso, Brasil es el anfitrión y Croacia es el invitado. El Tronco Celeste del Día representa al Anfitrión y el Tronco Celeste de la Hora representa al Invitado.

En este mapa, ambos troncos celestes, del Día y de la Hora, son los mismos, Gui en el Palacio Kan 1. En ese palacio, están 九天 (Jiǔ Tiān), 天任 (Tiān Rèn) y 休门 (Xiū Mén). 休门 (Xiū Mén) y 九天 (Jiǔ Tiān) son considerados auspiciosos, entonces el Anfitrión ganará. Por lo tanto, predije que Brasil ganaría.

Resultado del partido: Brasil ganó 3-1.

Caso 27: México vs Camerún

Este fue el segundo partido para la Copa del Mundo 2014. El partido se jugó en Natal el 13 de Junio, 2014 a las 13:00

El mapa es el siguiente:

Hora	Día	Mes	Año
Gui	Yi	Geng	Jia
Wei	Mao	Wu	Wu

YangDun#3 Hora: **GuiWei** ; 直符(ZhíFú): **天辅 (Tiān Fǔ)** ;
直使(ZhíShǐ): **杜门 (Dù Mén)** ; 旬首(XúnShǒu): **JiaXuJi**

太阴 (Tài Yīn) 马 禽芮 (Qín Ruì) 杜门 (Dù Mén) Xun 4 Yi/Geng Ji	六合 (Liù Hé) 天柱 (Tiān Zhù) 景门 (Jǐng Mén) Li 9 Ren Ding	白虎 (Bái Hǔ) O 天心 (Tiān Xīn) 死门 (Sǐ Mén) Kun 2 Xin Yi/Geng
螣蛇 (Téng Shé) 天英 (Tiān Yīng) 伤门 (Shāng Mén) Zhen 3 Ding Wu	YangDun#3 Hora: GuiWei ©Calvin Yap	玄武 (Xuán Wǔ) O 天蓬 (Tiān Péng) 惊门 (Jīng Mén) Dui 7 Bing Ren
值符 (Zhí Fú) 天辅 (Tiān Fǔ) 生门 (Shēng Mén) Gen 8 Ji Gui	九天 (Jiǔ Tiān) 天冲 (Tiān Chōng) 休门 (Xiū Mén) Kan 1 Wu Bing	九地 (Jiǔ Dì) 天任 (Tiān Rèn) 开门 (Kāi Mén) Qian 6 Gui Xin

Análisis

Para la predicción de fútbol Qi Men Dun Jia, primero necesitamos determinar el Anfitrión y el Invitado. Comparando, Natal, el lugar donde se llevó a cabo el partido, está más cerca de Camerún que de México. Por lo tanto, Camerún es el Anfitrión y México es el Invitado. En este caso, el Tronco Celeste del Día Yi representa a Camerún y el Tronco Celeste de la Hora Gui es México.

El Tronco Celeste del Día Yi está en el Palacio Xun 4 con 杜门 (Dù Mén), lo que significa que su portero es bueno y es capaz de bloquear los goles. También hay una estrella Caballo en el mismo palacio. Esto también significa que los jugadores de Camerún pueden correr muy bien. Sin embargo, está 天芮 (Tiān Ruì), que significa que hay problemas con el equipo.

El Tronco Celeste de la Hora Gui está en el Palacio Qian 6 con 开门 (Kāi Mén), lo que significa que la meta está abierta y es fácil que el oponente anote un gol. Sin embargo, el Palacio Qian 6 está en situación de restricción con el Palacio Xun 4. Como tal, el invitado tiene oportunidades más elevadas de ganar. Por lo tanto, predije que México ganaría.

Resultado del partido: México ganó 1-0

Caso 28: España vs Holanda

Este fue el tercer partido para la Copa del Mundo 2014. El partido se jugó en Salvador el 13 de Junio, 2014 a las 16:00

El mapa es el siguiente:

Hora	Día	Mes	Año
Jia	Yi	Geng	Jia
Shen	Mao	Wu	Wu

YangDun#3 Hora: **JiaShen** ; 直符(ZhíFú): **天禽(Tiān Qín)** ;
直使(ZhíShǐ): **死门 (Sǐ Mén)** ; 旬首(XúnShǒu): **JiaShenGeng**

九地 (Jiǔ Dì) 天辅 (Tiān Fǔ) 杜门 (Dù Mén) Xun 4 Ji Ji	九天 (Jiǔ Tiān) O 天英 (Tiān Yīng) 景门 (Jǐng Mén) Li 9 Ding Ding	值符 (Zhí Fú) O 禽芮 (Qín Ruì) 死门 (Sǐ Mén) Kun 2 Yi/Geng Yi/Geng
玄武 (Xuán Wǔ) 天冲 (Tiān Chōng) 伤门 (Shāng Mén) Zhen 3 Wu Wu	YangDun#3 Hora: JiaShen **Fu Yin** ©Calvin Yap	螣蛇 (Téng Shé) 天柱 (Tiān Zhù) 惊门 (Jīng Mén) Dui 7 Ren Ren
白虎 (Bái Hǔ) 马 天任 (Tiān Rèn) 生门 (Shēng Mén) Gen 8 Gui Gui	六合 (Liù Hé) 天蓬 (Tiān Péng) 休门 (Xiū Mén) Kan 1 Bing Bing	太阴 (Tài Yīn) 天心 (Tiān Xīn) 开门 (Kāi Mén) Qian 6 Xin Xin

Análisis

Para la predicción de fútbol Qi Men Dun Jia, primero determinaremos el Anfitrión y el Invitado. El lugar del partido era Salvador. Comparando la distancia entre Salvador y España vs Salvador y Holanda, España está mucho más cerca. Por lo tanto, España es el Anfitrión y Holanda es el Invitado.

Este es un mapa Fu Yin. El Anfitrión es el Tronco Celeste del Día Yi, que está en el Palacio Kun 2 y el Invitado es el Tronco Celeste de la Hora Geng que también está en el Palacio Kun 2. En ese mismo palacio, está 死门 (Sǐ Mén), que es malo. Además está 天芮 (Tiān Ruì), que representa problemas. Hay Kong en ese palacio.

Como ambos, Hora y Día, están en el mismo palacio y el palacio es malo, por lo tanto, predije que el Invitado que es Holanda ganaría.

Resultado del partido: Holanda ganó 5-1

Caso 29: Chile vs Australia

Este fue el cuarto partido para la Copa del Mundo 2014. El partido se jugó en Cuiaba el 13 de Junio, 2014 a las 18:00

El mapa es el siguiente:

Hora	Día	Mes	Año
Yi	Yi	Geng	Jia
You	Mao	Wu	Wu

YangDun#3 Hora: **YiYou** ; 直符(ZhíFú): **天禽(Tiān Qín)** ;
直使(ZhíShǐ): **死门 (Sǐ Mén)** ; 旬首(XúnShǒu): **JiaShenGeng**

九地 (Jiǔ Dì) 天辅 (Tiān Fǔ) 生门 (Shēng Mén) Xun 4 Ji Ji	九天 (Jiǔ Tiān) O 天英 (Tiān Yīng) 伤门 (Shāng Mén) Li 9 Ding Ding	值符 (Zhí Fú) O 禽芮 (Qín Ruì) 杜门 (Dù Mén) Kun 2 Yi/Geng Yi/Geng
玄武 (Xuán Wǔ) 天冲 (Tiān Chōng) 休门 (Xiū Mén) Zhen 3 Wu Wu	YangDun#3 Hora: YiYou **Fu Yin** ©Calvin Yap	螣蛇 (Téng Shé) 天柱 (Tiān Zhù) 景门 (Jǐng Mén) Dui 7 Ren Ren
白虎 (Bái Hǔ) 天任 (Tiān Rèn) 开门 (Kāi Mén) Gen 8 Gui Gui	六合 (Liù Hé) 天蓬 (Tiān Péng) 惊门 (Jīng Mén) Kan 1 Bing Bing	太阴 (Tài Yīn) 马 天心 (Tiān Xīn) 死门 (Sǐ Mén) Qian 6 Xin Xin

Análisis

Para la predicción de fútbol Qi Men Dun Jia, necesitamos determinar el Anfitrión y el Invitado. El lugar del partido fue Cuiaba. Comparando la distancia entre Cuiaba y Chile vs Cuiaba y Australia, Chile está mucho más cerca. Por lo tanto, Chile es el Anfitrión mientras que Australia es el Invitado.

En este mapa, los Troncos Celestes de Hora y Día son iguales, Yi en el Palacio Kun 2. En ese palacio está 杜门 (Dù Mén), que es auspicioso para la predicción de fútbol. Además, está 值符 (Zhí Fú), que representa árbitro. Por lo tanto, como el palacio es auspicioso, predije que el Anfitrión, que es Chile, ganaría.

Resultado del partido: Chile ganó 3-1.

Caso 30: Colombia vs Grecia

Este fue el quinto partido para la Copa del Mundo 2014. El partido se jugó en Belo Horizonte el 14 de Junio, 2014 a las 13:00

El mapa es el siguiente:

Hora	Día	Mes	Año
Yi	Bing	Geng	Jia
Wei	Chen	Wu	Wu

YangDun#3 Hora: **YiWei** ; 直符(ZhíFú): **天心 (Tiān Xīn)** ;
直使(ZhíShǐ): **开门 (Kāi Mén)** ; 旬首(XúnShǒu): **JiaWuXin**

九地 (Jiǔ Dì) O 马 禽芮 (Qín Ruì) 景门 (Jǐng Mén) Xun 4 Yi/Geng Ji	九天 (Jiǔ Tiān) 天柱 (Tiān Zhù) 死门 (Sǐ Mén) Li 9 Ren Ding	值符 (Zhí Fú) 天心 (Tiān Xīn) 惊门 (Jīng Mén) Kun 2 Xin Yi/Geng
玄武 (Xuán Wǔ) 天英 (Tiān Yīng) 杜门 (Dù Mén) Zhen 3 Ding Wu	YangDun#3 Hora: YiWei ©Calvin Yap	螣蛇 (Téng Shé) 天蓬 (Tiān Péng) 开门 (Kāi Mén) Dui 7 Bing Ren
白虎 (Bái Hǔ) 天辅 (Tiān Fǔ) 伤门 (Shāng Mén) Gen 8 Ji Gui	六合 (Liù Hé) 天冲 (Tiān Chōng) 生门 (Shēng Mén) Kan 1 Wu Bing	太阴 (Tài Yīn) 天任 (Tiān Rèn) 休门 (Xiū Mén) Qian 6 Gui Xin

Análisis

Para la predicción de fútbol Qi Men Dun Jia, necesitamos determinar el Anfitrión y el Invitado. El lugar del partido fue Belo Horizonte. Comparando la distancia entre Belo Horizonte y Colombia vs Belo Horizonte y Grecia, Colombia está mucho más cerca. Por lo tanto, Colombia es el Anfitrión mientras que Grecia es el Invitado.

En este mapa, el Tronco Celeste del Día Bing está en el Palacio Dui 7 con 开门 (Kāi Mén). Eso significa que la meta está abierta.

El Tronco Celeste de la Hora Yi está en el Palacio Xun 4 con 景门 (Jǐng Mén) y la estrella problema 天芮 (Tiān Ruì) y en Kong. Esto significaría que el equipo tiene sólo 30% de capacidad. Además, el Tronco Celeste de la Hora Yi está en el Palacio Xun 4, que es Madera. El Tronco Celeste del Día Bing está en el Palacio Dui 7 que es Metal. El Metal restringe la Madera. De ahí que el Tronco Celeste del Día restringe al Tronco Celeste de la Hora. Por lo tanto, el Anfitrión restringe al Invitado. Así, predije que el Anfitrión, que es Colombia, ganaría.

Resultado del Partido: Colombia ganó 3-0.

Casos de Selección de Fecha

Caso 31: Inauguración Marina Bay Sands

Antecedentes

Marina Bay Sands fue abierto el 27 de Abril de 2010 a las 15:18. El 12 de Junio de 2012, se reportó que murió un turista de 46 años que cayó del SkyPark, que está en la cima de las tres torres del hotel en Marina Bay Sands. Se dice que son 200m sobre el nivel del suelo.

El 21 de Junio de 2012, se reportó que otro cuerpo había sido encontrado en el área exterior de Marina Bay Sands. El Straits Times reportó que el cuerpo fue encontrado el miércoles en la noche cerca del restaurant Rise en el lobby del hotel, ubicado en la planta baja. La policía llegó al MBS alrededor de las 9:05 según la versión de un huésped del hotel.

El muerto era un hombre de 33 años, quien había entrado a Singapur con una visa de turista alrededor de un mes antes y estaba hospedado en una suite del piso 52 del hotel. La policía había encontrado $41,000 en la habitación y notó que la ventana estaba abierta. Se creía que pudo haber caído por la ventana al patio junto al restaurant Rise de la planta baja.

Fecha y hora de la ceremonia de apertura: 27 de Abril, 2010 a las 15:18

El mapa es el siguiente:

Hora	Día	Mes	Año
Wu	Ding	Geng	Geng
Shen	Wei	Chen	Yin

YangDun#8 Hora: **WuShen** ; 直符(ZhíFú): **天冲 (Tiān Chōng)** ; 直使(ZhíShǐ): **伤门 (Shāng Mén)** ; 旬首(XúnShǒu): **JiaChenRen**		
太阴 (Tài Yīn) 天英 (Tiān Yīng) 开门 (Kāi Mén) Xun 4 Ji Gui	六合 (Liù Hé) 禽芮 (Qín Ruì) 休门 (Xiū Mén) Li 9 Xin/Ding Ji	白虎 (Bái Hǔ) 天柱 (Tiān Zhù) 生门 (Shēng Mén) Kun 2 Yi Xin/Ding
螣蛇 (Téng Shé) O 天辅 (Tiān Fǔ) 惊门 (Jīng Mén) Zhen 3 Gui Ren	YangDun#8 Hora: WuShen ©Calvin Yap	玄武 (Xuán Wǔ) 天心 (Tiān Xīn) 伤门 (Shāng Mén) Dui 7 Bing Yi
值符 (Zhí Fú) O 马 天冲 (Tiān Chōng) 死门 (Sǐ Mén) Gen 8 Ren Wu	九天 (Jiǔ Tiān) 天任 (Tiān Rèn) 景门 (Jǐng Mén) Kan 1 Wu Geng	九地 (Jiǔ Dì) 天蓬 (Tiān Péng) 杜门 (Dù Mén) Qian 6 Geng Bing

Análisis

El Tronco Celeste del Día Ding representa Marina Bay Sands. En este mapa, está en el Palacio Li 9 con 休门 (Xiū Mén), 天芮 (Tiān Ruì) y 六合 (Liù Hé). 休门 (Xiū Mén) significa relax o lugar de relax. Así, es adecuado Marina Bay Sands.

La riqueza está representada por 生门 (Shēng Mén) que está en el Palacio Kun 2 con 白虎 (Bái Hǔ). 白虎 (Bái Hǔ) significa feroz y 生门 (Shēng Mén) significa riqueza. Así, Marina Bay Sands está haciendo dinero ferozmente. Lo más importante de todo es que el Palacio Kun 2 está en situación de producción con el Palacio Li 9.

Sin embargo, la hora elegida tiene sus defectos. La Hora en este caso es Wu, que está en el Palacio Kan 1 con 景门 (Jǐng Mén) y 九天 (Jiǔ Tiān). 景门 (Jǐng Mén) representa calamidad relacionada con la sangre. 九天 (Jiǔ Tiān) representa algo alto. Entonces, significaría que habrá calamidad relacionada con la sangre con alguien cayendo de un piso muy alto.

El mapa del 12 de Junio 2012 antes de las 15:00 es el siguiente:

Hora	Día	Mes	Año
Xin	Jia	Bing	Ren
Wei	Chen	Wu	Chen

Trazando el mapa de la fecha y hora del incidente de ceremonia de apertura:

YangDun#8 Hora: **WuShen** ; 直符(ZhíFú): **天冲 (Tiān Chōng)** ; 直使(ZhíShǐ): **伤门 (Shāng Mén)** ; 旬首(XúnShǒu): **JiaChenRen**		
太阴 (Tài Yīn) 天英 (Tiān Yīng) 开门 (Kāi Mén) Xun 4 Ji Gui	六合 (Liù Hé) 禽芮 (Qín Ruì) 休门 (Xiū Mén) Li 9 Xin/Ding Ji	白虎 (Bái Hǔ) 天柱 (Tiān Zhù) 生门 (Shēng Mén) Kun 2 Yi Xin/Ding
螣蛇 (Téng Shé) O 天辅 (Tiān Fǔ) 惊门 (Jīng Mén) Zhen 3 Gui Ren	YangDun#8 Hora: WuShen ©Calvin Yap	玄武 (Xuán Wǔ) 天心 (Tiān Xīn) 伤门 (Shāng Mén) Dui 7 Bing Yi
值符 (Zhí Fú) O 马 天冲 (Tiān Chōng) 死门 (Sǐ Mén) Gen 8 Ren Wu	九天 (Jiǔ Tiān) 天任 (Tiān Rèn) 景门 (Jǐng Mén) Kan 1 Wu Geng	九地 (Jiǔ Dì) 天蓬 (Tiān Péng) 杜门 (Dù Mén) Qian 6 Geng Bing

2012 es Año Ren Chen. Ren está en el Palacio Gen 8, que originalmente está en Kong y sólo tiene 20% de capacidad, pero ahora está lleno. En el Palacio Gen 8 está 死门 (Sǐ Mén) que significa que podría haber posibilidad de muerte. Chen está en el Palacio Zhen 3 que está en Kong, pero ahora está lleno también. Con 惊门 (Jīng Mén), significa que hay noticias impactantes. Además, el Palacio Gen 8 está en situación de restricción con el Palacio Kan 1, que representa la hora de la ceremonia de apertura.

Mes Bing Wu: Vemos al Palacio Li 9 donde reside Wu. Tiene 六合 (Liù Hé) and 天芮 (Tiān Ruì) y esto significa problemas en las relaciones. Al mismo tiempo, Li 9 está en situación de restricción con el Palacio Kan 1. El Palacio Li 9 representa Corazón, entonces podría haber un ataque al corazón o problemas en la cabeza, por ejemplo, problemas mentales.

Día Jia Chen: Usaremos Ren que está en el Palacio Gen 8 también. El Tronco Celeste del Día Ren también puede representar al turista con 死门 (Sǐ Mén), lo cual significa que la persona podría estar muerta. El Palacio Gen 8 también está en situación de restricción con el Palacio Kan 1, que es la hora de la ceremonia de apertura.

Hora Xin Wei: Wei está en el Palacio Kun 2 y también está en situación de restricción con el Palacio Kan 1, que es la hora de la ceremonia de apertura.

El Palacio Kan 1 está en situación de restricción durante la fecha y hora del incidente. Kan 1 también representa la mediana edad (el turista tenía 46 años) y con 景门 (Jǐng Mén) and 九天 (Jiǔ Tiān) que representan calamidad de sangre y alto, respectivamente. Esto podría traducirse en calamidad debido a caer de un piso alto (SkyPark).

El mapa del 21 de Junio de 2012 es el siguiente:

Hora	Día	Mes	Año
Ren	Gui	Bing	Ren
Xu	Chou	Wu	Chen

Trazando el mapa de la fecha y hora del incidente de ceremonia de apertura:

YangDun#8 Hora: **WuShen** ; 直符(ZhíFú): **天冲 (Tiān Chōng)** ; 直使(ZhíShǐ): **伤门 (Shāng Mén)** ; 旬首(XúnShǒu): **JiaChenRen**		
太阴 (Tài Yīn) 天英 (Tiān Yīng) 开门 (Kāi Mén) Xun 4 Ji Gui	六合 (Liù Hé) 禽芮 (Qín Ruì) 休门 (Xiū Mén) Li 9 Xin/Ding Ji	白虎 (Bái Hǔ) 天柱 (Tiān Zhù) 生门 (Shēng Mén) Kun 2 Yi Xin/Ding
螣蛇 (Téng Shé) O 天辅 (Tiān Fǔ) 惊门 (Jīng Mén) Zhen 3 Gui Ren	YangDun#8 Hora: WuShen ©Calvin Yap	玄武 (Xuán Wǔ) 天心 (Tiān Xīn) 伤门 (Shāng Mén) Dui 7 Bing Yi
值符 (Zhí Fú) O 马 天冲 (Tiān Chōng) 死门 (Sǐ Mén) Gen 8 Ren Wu	九天 (Jiǔ Tiān) 天任 (Tiān Rèn) 景门 (Jǐng Mén) Kan 1 Wu Geng	九地 (Jiǔ Dì) 天蓬 (Tiān Péng) 杜门 (Dù Mén) Qian 6 Geng Bing

Como el incidente anterior, todos los indicadores están en el Palacio Gen 8 y Palacio Zhen 3.

En el Palacio Gen 8, está Ren, que es el Tronco Celeste para el Año (Tai Sui), así como la Hora del incidente que tuvo lugar. Chen, que es la Rama Terrenal (Tai Sui), está en el Palacio Zhen 3. Gui, que es el Tronco Celeste del Día del incidente, también está en el Palacio Zhen 3.

Caso 32: Fecha de matrimonio elegida que terminó en divorcio

Antecedentes

Este caso fue publicado en el foro Fivearts (ahora extinto). Una dama publicó su fecha de nacimiento, la fecha de nacimiento de su esposo y la fecha y hora de su matrimonio. También publicó su año de divorcio, en 1996. Ambos nacieron en el año Geng.

Fecha y hora del mapa: 4 de Septiembre de 1983 a las 15:00

El mapa es el siguiente:

Hora	Día	Mes	Año
Jia	Yi	Geng	Gui
Shen	Wei	Shen	Hai

YinDun#1 Hora: **JiaShen** ; 直符(ZhíFú): 天任 **(Tiān Rèn)** ;
直使(ZhíShǐ): 生门 **(Shēng Mén)** ; 旬首(XúnShǒu): **JiaShenGeng**

九地 (Jiǔ Dì) 天辅 (Tiān Fǔ) 杜门 (Dù Mén) Xun 4 Ding Ding	玄武 (Xuán Wǔ) O 天英 (Tiān Yīng) 景门 (Jǐng Mén) Li 9 Ji Ji	白虎 (Bái Hǔ) O 禽芮 (Qín Ruì) 死门 (Sǐ Mén) Kun 2 Yi/Gui Yi/Gui
九天 (Jiǔ Tiān) 天冲 (Tiān Chōng) 伤门 (Shāng Mén) Zhen 3 Bing Bing	YinDun#1 Hora: JiaShen **Fu Yin** ©Calvin Yap	六合 (Liù Hé) 天柱 (Tiān Zhù) 惊门 (Jīng Mén) Dui 7 Xin Xin
值符 (Zhí Fú) 马 天任 (Tiān Rèn) 生门 (Shēng Mén) Gen 8 Geng Geng	螣蛇 (Téng Shé) 天蓬 (Tiān Péng) 休门 (Xiū Mén) Kan 1 Wu Wu	太阴 (Tài Yīn) 天心 (Tiān Xīn) 开门 (Kāi Mén) Qian 6 Ren Ren

Análisis

Este es un mapa Fu Yin y usar un mapa Fu Yin para casarse, es definitivamente malo. El Yong Shen (Dios Útil) para el matrimonio es 六合 (Liù Hé) que está en el Palacio Dui 7 con 天柱 (Tiān Zhù) y 惊门 (Jīng Mén). 天柱 (Tiān Zhù) es una estrella dañina y junto con 六合 (Liù Hé) significa que el matrimonio será dañado. Además, 惊门 (Jīng Mén) también significa shock o repentino y, por lo tanto, el matrimonio terminará en shock o repentinamente.

Ambos nacieron en el año Geng, que está en el Palacio Gen 8. Ambos en la placa externa de 六合 (Liù Hé).

Se divorciaron en 1966, que es un año Bing Zi. Bing está en el Palacio Zhen 3, que está chocando con el Yong Shen 六合 (Liù Hé) del matrimonio en el Palacio Dui 7 con 螣蛇 (Téng Shé) y 天蓬 (Tiān Péng). Además, Zi está en el Palacio Kan 1 con. Están en una situación de producción con el Palacio Dui 7. 天蓬 (Tiān Péng) significa alguien está aquí para robar el matrimonio.

Caso 33: Inauguración del Singapore Flyer, terminó en bancarrota

Antecedentes

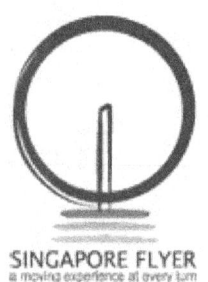

El Singapore Flyer es una rueda de la fortuna en Singapur.

Se encuentra al lado de Marina Bay Street Circuit, cerca de la recta entre las curvas 21 y 22 y la zona del área del pozo. Ofrece excelentes vistas del Singapore Grand Prix. También ofrece amplias vistas del centro de la ciudad y más allá aproximadamente 45 km, incluyendo las islas indonesias de Batam y Bintan, y Johor, Malasia.

En Julio de 2008, el Flyer se detuvo a causa de un fallo menor en el sistema de frenos.

El 4 de Diciembre de 2008, la rueda quedó atrapada durante casi cinco horas debido al mal tiempo y unas 70 personas quedaron varadas.

El 23 de Diciembre de 2008, la rueda se detuvo y 173 pasajeros quedaron atrapados durante unas seis horas. El colapso fue ocasionado por un cortocircuito y un incendio en la sala de control de la rueda del Flyer, que cortó el aire acondicionado de la rueda. Once pasajeros fueron evacuados a través de un dispositivo colgante de algunas de las cápsulas y a las personas atrapadas se les dio comida y bebida. La rueda comenzó a operar casi siete horas después de que se había detenido y dos personas fueron hospitalizadas. El Flyer cerró indefinidamente y se lanzó una investigación sobre la causa de la avería. La rueda volvió a abrir el 26 de Enero de 2009 después de que la policía de Singapur recibió el informe final de certificación de seguridad del Comité de Evaluación de Conformidad. Tras esta ruptura, se instalaron sistema de respaldo adicional con un costo de alrededor de S$3 millones. Estos incluyeron un generador, tornos, tres sistemas contra incendios y humo y dispositivos de detección de calor.

El 18 de Julio de 2010, el paseo fue cerrado después de que uno de sus cables eléctricos que suministran energía a los sistemas de aire acondicionado fue alcanzado por un rayo, afectando el sistema de aire acondicionado. Unos 200 pasajeros tuvieron que ser evacuados. El Flyer volvió a abrir el 20 de Julio de 2010 después de que se completaron los trabajos de reparación.

El 20 de Junio de 2013, las operaciones fueron suspendidas temporalmente para proteger a los empleados de los niveles de contaminación récord en Singapur, la primera vez que el Flyer había cerrado debido a la neblina.

El 28 de Mayo de 2013, el Singapore Flyer anunció que estaba en bancarrota.

Fecha y hora de la inauguración: 15 de Abril de 2008 a las 20:00

El mapa es el siguiente:

Hora	Día	Mes	Año
Bing	Yi	Bing	Wu
Xu	You	Chen	Zi

YangDun#1 Hora: **BingXu** ; 直符(ZhíFú): 天冲 **(Tiān Chōng)** ;
直使(ZhíShǐ): 伤门 **(Shāng Mén)** ; 旬首(XúnShǒu): **JiaShenGeng**

太阴 (Tài Yīn) 天英 (Tiān Yīng) 休门 (Xiū Mén) Xun 4 Yi Xin	六合 (Liù Hé) O 禽芮 (Qín Ruì) 生门 (Shēng Mén) Li 9 Ji/Ren Yi	白虎 (Bái Hǔ) O 马 天柱 (Tiān Zhù) 伤门 (Shāng Mén) Kun 2 Ding Ji/Ren
螣蛇 (Téng Shé) 天辅 (Tiān Fǔ) 开门 (Kāi Mén) Zhen 3 Xin Geng	YangDun#1 Hora: BingXu ©Calvin Yap	玄武 (Xuán Wǔ) 天心 (Tiān Xīn) 杜门 (Dù Mén) Dui 7 Gui Ding
值符 (Zhí Fú) 天冲 (Tiān Chōng) 惊门 (Jīng Mén) Gen 8 Geng Bing	九天 (Jiǔ Tiān) 天任 (Tiān Rèn) 死门 (Sǐ Mén) Kan 1 Bing Wu	九地 (Jiǔ Dì) 天蓬 (Tiān Péng) 景门 (Jǐng Mén) Qian 6 Wu Gui

Análisis

El Tronco Celeste de la Hora Bing está en el Palacio Kan 1 con 九天 (Jiǔ Tiān), 天任 (Tiān Rèn) y 死门 (Sǐ Mén). 死门 (Sǐ Mén) es la peor puerta entre todas las Ba Men en Qi Men Dun Jia. El Tronco Celeste de la Hora también representa los asuntos actuales y, en este caso, la inauguración del Singapore Flyer. 死门 (Sǐ Mén) representa muerte. Entonces, usar esta hora para la inauguración representaría la muerte para el Singapore Flyer.

El flujo de dinero es representado por 生门 (Shēng Mén) que está en el Palacio Li 9 y está en Kong. Esto significa que no habrá beneficios. Además, también está 天芮 (Tiān Ruì) que representa problemas. Por lo tanto, el Singapore Flyer podría enfrentar problemas de flujo de dinero.

Si lo notas, la mayoría de los problemas suceden en los meses de Julio y Diciembre. Julio está donde está el Palacio Kun 2. En ese palacio, está 白虎 (Bái Hǔ), 天柱 (Tiān Zhù) y 伤门 (Shāng Mén). 伤门 (Shāng Mén) representa transporte o motor. Con 天柱 (Tiān Zhù) es una estrella perjudicial, de ahí que esto signifique daño. 白虎 (Bái Hǔ) representa feroz. Con el análisis combinado, tendremos problemas de motor o mecánicos.

Diciembre es donde está el Palacio Kan 1 y tiene 死门 (Sǐ Mén) en él. 死门 (Sǐ Mén) es malo, entonces usualmente aparecen problemas durante el mes de Diciembre.

Fin

Comentarios de Clientes y Estudiantes

Publicado en Facebook el 5 Agosto 2014:

Eowyn Jo

Calvin, muchas gracias por lo que compartes. Estoy realmente muy contento de haber asistido a tu clase de QMDJ. Has hecho el aprendizaje de QMDJ tan fácil, especialmente en la selección de fecha. Estaba realmente sorprendido cuando presentaste toda la clase con una pestaña. Tenías la selección de fecha y el software para trazar el mapa cargado en la pestaña antes de dárnoslo. ¡Esto realmente no tiene precio!

Vin Leo

Un maestro desinteresado comparte todo sin pensarlo a los estudiantes. Un maestro egoísta te hace pagar sin ofrecer ningún valor a cambio.

Mensaje de Facebook: 26 Junio 2014:

Gracias maestro, por la ayuda, espero conseguir el empleo, le informaré sobre el resultado. Mil gracias una vez más por responderme pronto.

Rao India.

Email de Thomas 11 Marzo 2014:

From: Thomas <xxxx @hotmail.com>
To: Calvin Yap <calvin_yap@yahoo.com>
Sent: Tuesday, March 11, 2014 3:52 PM
Subject: RE: QMDJ course - questions

Hola Calvin,

Creo que el curso básico es excepcional. Estoy muy contento de haberlo estudiado antes de seguir con el Bazi.

Creo que tu curso es muy especial y único. Va más allá de lo más profundo en adivinación.

También, la cantidad de casos es muy útil para apoyar el aprendizaje.

Y el sistema simplificado es realmente excelente, y tu manera de deshacerte de cosas inútiles y confusas que otros están enseñando y que te mantengas señalando las partes esenciales del método.

Aprecio mucho la forma de contestar mis preguntas. Esto es muy útil y una parte muy importante del curso.

Muchas gracias y mis mejores deseos,
Thomas.

Email de David 30 Junio 2013:

Estoy muy agradecido por el tiempo que has dedicado para ayudarme, gracias, Calvin

- David de US

Email de Mohan 9 Agosto 2013

Hola, Gracias por tu amabilidad, Gracias. Mohan.

-Mohan de India

Email de Jacqueline 8 Noviembre 2012

Calvin,

No creo poder agradecer lo suficiente por toda tu ayuda. Has extendido tu ayuda desinteresadamente y aprecio todo lo que has hecho. No estar en mi casa por más tiempo es una bendición y soy mucho más feliz por eso.

Gracias,
Jacqueline

Mensaje en Facebook: 4 Marzo 2012:

¡Hola! Acabo de comprar estos otros 2 libros también. Estoy muy feliz de tenerte como mi maestro de QMDJ a pesar de la distancia. Realmente aprecio tu trabajo y ya disfruto de la lectura del libro de Aplicación que comencé ayer. Es claro y comprensible y es un arranque perfecto antes de volver al libro anterior.

Saludos cordiales, Michael

Mensaje de Facebook: 23 Febrero 2012:

¡Hola!

Soy de Polonia y estoy absolutamente impresionado con tu libro sobre Qi Men Dun Jia. Estudio este tema y creo que es extremadamente emocionante. Tengo uno de tus libros y compraré el siguiente – ¡eres un muy buen autor! Gracias por compartir tu conocimiento. ¡Será un honor para mí tenerte entre mis contactos!

¡Saludos desde Polonia!

Libros del Autor

Controla Tu Destino Dominando Qi Men Dun Jia

(ISBN: 978-981-08-7136-9)

Este libro está escrito de tal manera que puede ser usado como una lectura de principio a fin, así como referencia para el practicante. Este libro está dividido en 5 partes: Parte I – Bases, Parte II – El Ingrediente, Parte III – El Ingrediente Avanzado, Parte IV – Cocinando, Parte V – la Buena Comida. Así, es similar al proceso de preparar la comida, cocinar la comida y comer la comida.

Este libro comienza proporcionando la historia del Qi Men Dun Jia y figuras históricas famosas (ej. Zhuge Liang, Mao Zedong) que lo usaron para ganar guerras.

Parte I – Bases es el concepto básico de la Metafísica China y es para aquellos que no tienen ningún antecedente en esto. Entender esta sección es importante para aquellos que quieren, no sólo aprender Qi Men Dun Jia, sino Metafísica China en su totalidad.

Parte II – El Ingrediente desglosa cada uno de los elementos de Qi Men Dun Jia y sus atributos.

Parte III – El Ingrediente Avanzado consta de más información avanzada sobre Qi Men Dun Jia. Contiene información sobre las Combinación es de Troncos, combinaciones Ba Men y Combinaciones Jiu Xing y Ba Men. Además, se proporcionan mapas especiales Qi Men Dun Jia y más importantemente, su uso.

Parte IV – Cocinando, describe cómo trazar el mapa Qi Men Dun Jia en 2 métodos (Chai Bu y Zhi Run).

Parte V – La Buena Comida son ejemplos de cómo puede ser aplicado el Qi Men Dun Jia.

Qi Men Dun Jia (奇门遁甲) Chāi Bù (拆布) Calendario en Inglés 2011 – 2020

(ISBN: 978-981-08-7386-8)

Este libro proporciona mapas con el método Qi Men Dun Jia Chāi Bù (拆布) y calendario en inglés. Esto ayudará a quienes no pueden leer chino para tener acceso al calendario Qi Men Dun Jia Chāi Bù (拆布). Este libro está organizado en 3 partes.

La primera parte contiene referencias que necesitas buscar para un mapa Qi Men Dun Jia. La segunda parte es la información del calendario de Metafísica para los años 2011 a 2020. Esta información te permite trazar el mapa para una fecha y hora determinada, así como referencia a los 1080 mapas Qi Men Dun Jia Chāi Bù (拆布). La tercera parte contiene todos los mapas Yang Dun y Yin Dun Qi Men Dun Jia Chāi Bù (拆布).

Utilizando la información de este libro, puedes obtener fácilmente el mapa Qi Men Dun Jia apropiado para una fecha y hora determinada. Luego puedes usar la información del libro **Controla Tu Destino Dominando Qi Men Dun Jia** para la interpretación. Además, en base a tu criterio de selección, puedes examinar los 1080 mapas para buscar un mapa auspicioso Qi Men Dun Jia. Luego, puedes ver la sección del calendario para buscar una buena fecha y hora.

Aplicación Práctica de Qi Men Dun Jia (奇门遁甲)

(ISBN: 978-981-08-9837-3)

Este libro se ha escrito con la persona común en mente. Más de 80 mapas Qi Men Dun Jia son usados para ilustrar lo siguiente:

Adivinación

- Temas Generales de Adivinación
- Matrimonio/Relaciones
- Carrera
- Temas de Negocios y Oportunidades de Riqueza
- Productos/Servicios
- Enfermedades
- Examen/Prueba/Estudio/Entrevista
- Condición Fengshui de una casa
- Encontrar estacionamiento o asiento vacío

- Exactitud en la información

Aplicación

- Aplicación en temas generales
- Pedir favores al jefe
- Negociar con el jefe
- Entrevista
- Presentación de propuestas
- Negociación

Adivinación

Para cada tipo de adivinación, se presentan las buenas y malas formaciones y se explican con detalle. Por ejemplo, para Matrimonio/Relaciones, cómo ver el problema en el matrimonio, cualquier tercero involucrado, quién está rechazando a quién, etc. Para enfermedad, cómo identificar enfermedades y cómo usar la información para encontrar un doctor que pueda ayudar a curar la enfermedad.

Aplicación

Cómo usar el poder de Qi Men Dun Jia para pedir favores al jefe, cómo ser exitoso en una entrevista, presentación de propuestas y negociación.

Compendios de la Serie Qi Men Dun Jia

Volumen 1: (ISBN: 978-981-07-0509-1)

Volumen 2: (ISBN: 978-981-07-0510-7)

Volumen 3: (ISBN: 978-981-07-0511-4)

Los compendios de la serie proporcionarán información exhaustiva disponible para los lectores que no existen en libros chinos.

Volumen-1 consta de los métodos Qi Men Dun Jia Chāi Bù (拆布) y Zhí Rùn (直闰) Hora Qi Men del calendario en inglés del año 1930 a 2020.

Volumen-2 consta de 540 mapas Qi Men Dun Jia Yang Dun con explicación detallada de cada mapa por palacio.

Volumen-3 consta de consta de 540 mapas Qi Men Dun Jia Yin Dun con explicación detallada de cada mapa por palacio.

Con los compendios de la serie, los lectores pueden:
-Usar eventos pasados para trazar el mapa Qi Men Dun Jia y aprender del pasado
-Usar el calendario para trazar el mapa Qi Men Dun Jia en base a la fecha de nacimiento.
-Interpretación instantánea del mapa Qi Men Dun Jia por la información disponible en cada palacio.
-Usar el calendario y mapas para la aplicación del Qi Men Dun Jia (ej. Elegir una buena fecha, hora y ubicación).

-Referencia rápida sobre mapas Qi Men Dun Jia auspiciosos e inauspiciosos.

Qi Men Dun Jia Básico – Cómo Convertirse en Maestro de Fengshui

(ISBN: 978-981-071-745-2)

Escrito por Master Ye Pei Ming
Traducido por Calvin Yap

En 1985, Master Ye comenzó a aprender Qi Men Dun Jia de un anciano después de un breve encuentro en una montaña remota de Guanxi. Este anciano tiene habilidad extraordinaria en Yijing, Ba Gua y, en particular, Qi Men Dun Jia. Desde entonces, él ha estado usando el conocimiento adquirido en su trabajo y en sus actividades diarias.

Con la guía de su maestro, agudizó y simplificó el uso del Qi Men Dun Jia. En 2008, publicó 2 libros en chino sobre Qi Men Dun Jia en Hong Kong. En sus libros, reveló técnicas secretas de uso simplificado, así como técnicas para remediar el bazi usando colocaciones Fengshui Qi Men Dun Jia. Tradicionalmente, dichas técnicas sólo serían reveladas con discreción, pero Master Ye decidió compartirlas para el beneficio del público general. Por tanto, recibió muchos mensajes de gratitud de los lectores.

Este libro es parte de la serie que ayudará a que los lectores que no tienen conocimiento de Qi Men Dun Jia, puedan captar y aprender Qi Men Dun Jia. En particular, el uso del 用神 (Dios Útil - yòng shén) Qi Men Dun Jia e interacción de los 5-elementos.

Este libro básico está basado en la experiencia de enseñanza del autor y casos reales. Los lectores pueden consultar y practicar en base a los casos presentados en este libro para agudizar su habilidad. Después de haber comprendido completamente las técnicas presentadas, podrás usar Qi Men Dun Jia para averiguar qué está pasando realmente y tomar el control de la situación.

FengShui en la Punta de tus Dedos

(ISBN: 978-981-071-670-7)

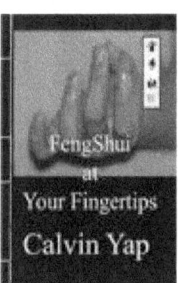

En el pasado, a menudo veíamos a los maestros de Feng Shui en películas deducir las fórmulas FengShui contando con sus dedos. Ahora puedes impresionar a tus clientes haciendo lo mismo. Este libro te enseñará cómo memorizar fórmulas FengShui contando con los dedos. Durante mi curso de estudio de FengShui, estuve en contacto con varias fórmulas. Algunas veces, estas fórmulas necesitan hacer referencia cruzada y se consume tiempo para buscar y cruzar contra cada fórmula. Por lo tanto, comencé a investigar maneras rápidas y fáciles para memorizarlas. Los antiguos maestros tenían 2 maneras de memorizar las fórmulas: por medio de un poema y con la punta de sus dedos. Presenté en este libro aquellas fórmulas que pueden ser memorizadas fácilmente usando el movimiento de las puntas de los dedos. Las fórmulas son:

- He Tu, Luo Shu y Ba Gua
- Combinaciones and Choques
- Combinaciones de Troncos Celestes y Ramas Terrenales, Choques, etc.
- Fórmulas Shen Sha (Hua Gai, Tao Hua, Jiang Xing, etc.)
- Cómo trazar los 4P sin usar un Calendario
- Estrellas Volantes y 8-Mansiones
- Cómo encontrar el San Sha
- Qi Men Dun Jia

Nota: Este libro no explicará por qué existe tal y cual fórmula, ni explicará cómo estas fórmulas son aplicadas. El propósito de este libro es ayudar a quienes estudian Feng Shui o Metafísica China a memorizar las fórmulas complejas.

Cursos Disponibles
Qi Men Dun Jia para la aplicación diaria

Disponibilidad: Salón de clase (solo Singapur) y Aprendizaje a Distancia

Prerrequisito: Conceptos Básicos de Metafísica China (el material será proporcionado gratuitamente para quienes no tienen ningún antecedente en Metafísica China).

La clase está dividida en 2 partes:

- Conceptos Básicos de Qi Men Dun Jia
- Cómo usar Qi Men Dun Jia para la aplicación diaria

Al final de la clase conocerás:

- Diferentes categorías de Metafísica China
- Qué es el Calendario Solar Chino
- Conceptos Básicos de Qi Men Dun Jia
- Usar el método simplificado de Qi Men Dun Jia de Master Ye para:
    - Presagiar matrimonio y relaciones
    - Presagiar clima e inversiones
    - Presagiar entrevistas y académicos
    - Presagiar prospectos de inversión
    - Presagiar la exactitud de la información
    - Presagiar salud
    - Presagiar salud y ubicación para cura

QMDJ Avanzado

Disponibilidad: Salón de clase (solo Singapur) y Aprendizaje a Distancia

Prerrequisito: QMDJ Básico

Al final de la clase conocerás:

- Usar el método simplificado de Qi Men Dun Jia de Master Ye para:
  - Presagiar el aspecto Fengshui de una casa
- Cómo aprovechar el Qi del Cielo, Tierra y Hombre para:
  - Juegos de casino
  - Carreras de caballo
  - 4-D
  - Predicción en el Mercado de Valores
  - Entrevista de trabajo y examen
  - Predicción de fútbol
  - Pedir favores al jefe
  - Negociación

Nota: No abogamos por los juegos de azar. La técnica enseñada es sólo con propósitos académicos.

Bazi QMDJ

Prerrequisito: QMDJ Básico

Al final de la clase conocerás:

- Usar el método simplificado de Qi Men Dun Jia de Master Ye para:
- Cómo obtener de la persona:
  - Logro académico
  - Suerte en la carrera
  - Suerte en las relaciones
  - Suerte de Riqueza Directa
  - Suerte de Riqueza Indirecta
  - Problemas potenciales de salud
  - Carácter
  - Relación de la persona con sus padres, hermanos, cónyuge, hijos, matrimonio/relaciones (terceras personas, etc.)
  - Suerte annual
  - Calamidad potencial

Selección de Fecha QMDJ

Disponibilidad: Salón de clase (solo Singapur) y Aprendizaje a Distancia

Prerrequisito: Aplicación diaria Qi Men Dun Jia

El nivel más elevado de Qi Men Dun Jia es la Selección de Fecha. Aprenderás cómo leer el resultado en base a la fecha usada para ciertos eventos importantes (ej. la causa de ruptura matrimonial, problemas de salud, problemas en la empresa y dificultades financieras debido a la fecha de mudanza errónea, inauguración o matrimonio).

Casos reales son presentados sobre:

- Por qué ciertas fechas elegidas traerán resultados perjudiciales
- Cómo ciertas fechas elegidas traerán buenos resultados
- Aprende cómo elegir una buena fecha para resultados específicos como:
- Selección de Fecha para renovación
- Selección de Fecha para funeral
- Selección de Fecha para mudanza
- Selección de fecha para ceremonia de inauguración
- Selección de fecha para entrevista/examen
- Selección de fecha para buscar riqueza

Al final de la clase conocerás:

- Cuál es el criterio para buscar cuando se elige una fecha para un resultado específico
- Cómo saber cuáles son los eventos que van a suceder cuando se elige una fecha errónea.

Material:

- Material del Curso
- Software descargado desde una pestaña para encontrar una buena fecha/hora

El Camino al Programa Profesional QMDJ

Este programa está diseñado para preparar estudiantes serios para convertirse en Profesionales QMDJ exitosos. El objetivo de este programa es asegurar que has aprendido y entendido todas las técnicas relevantes que se requieren para ser un Profesional QMDJ.

10 pasos para convertirse en un profesional:

1. Completar la aplicación diaria Qi Men Dun Jia
2. Entrega de 20 casos basados en la técnica aprendida en Qi Men Dun Jia para aplicación diaria
3. Completar Bazi QMDJ
4. Entrega de 20 casos basados en la técnica aprendida en Bazi QMDJ
5. Completar la Selección de Fecha QMDJ
6. Entrega de 30 casos basados en la técnica aprendida en Selección de Fecha QMDJ (de varias categorías)
7. Completar QMDJ Avanzado
8. Sesión de entrevista
9. Completar QMDJ Profesional
10. Entrega de 20 casos

Cada caso entregado tiene que ser del propio caso del estudiante y no copiar el trabajo de otras personas. Calificaremos la entrega y proporcionaremos retroalimentación. Se tiene que corregir si consideramos que la técnica utilizada no es la correcta.

Este es un programa progresivo. No tienes que pagar la tarifa completa para todo el programa. Sólo pagas por el siguiente curso si deseas continuar.

No hay límite de tiempo y puedes hacerlo como desees para completar cada curso individual y todo el programa.

Después de haber completado exitosamente el programa, te será entregada una medalla.

Carácter Chino

Chino Tradicional vs Simplificado
Tradicionalmente, los caracteres chinos están escritos en forma compleja, los cuales, a través de millones de años, se transforman desde el símbolo que representan. Por ejemplo, el carácter caballo:

Carácter Antiguo	Carácter Tradicional	Carácter Simplificado
罘	馬	马

Fuente: http://www.ancientscripts.com/chinese.html

Después de la formación de La República Popular China, una forma simplificada de la escritura de caracteres chinos fue adoptada en China. En este libro se usa el carácter simplificado.

Representación Pinyin:
Pinyin es un sistema para la transliteración de los ideogramas chinos en alfabeto romano, adoptado oficialmente por la República Popular China en 1979. La Organización Internacional para la Estandarización adoptó el pinyin como el estándar internacional en 1982. El sistema fue adoptado como el estándar oficial en 2009, donde es generalmente conocido como el Nuevo Sistema Fonético.

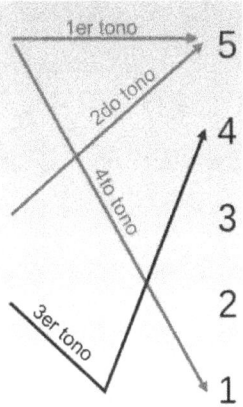

El gráfico muestra los cambios relativos en nivel para los cuatro tonos del Chino Mandarín. En la escala del 1 al 5 con 5 siendo el nivel más alto, el primer tono permanece constante en 5, el segundo tono sube de 3 a 5, el tercer tono cae de 2 a 1 y luego sube a 4, y el cuarto tono cae de 5 a 1.

Información de Wereon (vía Wikipedia)

Tonos:

El primer tono (Tono Plano o de Nivel Alto) es representado por un macrón (¯) agregado a la vocal pinyin:

ā ē ī ō ū

El segundo tono (Tono Subiendo o Tono Subiendo Alto) es representado por un acento agudo ('):

á é í ó ú

El tercer tono (Tono Cayendo-Subiendo o Bajo) está marcado por un caron/háček (ˇ). No es el redondo breve (˘), aunque uno breve a veces sustituye debido a limitaciones de la fuente.

ǎ ě ǐ ǒ ǔ

El cuarto tono (Tono Cayendo o Subiendo-Cayendo) es representado por un acento grave (`):

à è ì ò ù

El quinto tono (Tono Neutral) es representado por una vocal normal sin ninguna marca de acento:

a e i o u

Caracteres usados en Qi Men Dun Jia

Carácter Chino Tradicional	Carácter Chino Simplificado	Pinyin	[10]Explicación
八	八	Bā	Número 8
神	神	Shén	Dios
八神	八神	Bā Shén	8 Dioses
值符	值符	Zhí Fú	Zhì significa en servicio. Fú significa una credencial expedida por la antigua China. Zhì Fú significa líder en servicio.
螣蛇	螣蛇	Téng Shé	Téng significa alado. Shé significa serpiente. Téng Shé significa serpiente alada.
太陰	太阴	Tài Yīn	Tài significa el más alto o el más grande. Yīn es lo opuesto de Yang; oscuridad. Tài Yīn también significa luna.
六合	六合	Liù Hé	Liù significa 6. Hé significa combinar.
白虎	白虎	Bái Hǔ	Bái significa blanco. Hǔ significa tigre. Bái Hǔ significa tigre blanco. El tigre blanco es uno de los 4 símbolos de las constelaciones chinas.
玄武	玄武	Xuán Wǔ	Xuán Wǔ literalmente significa La Marcialidad Oscura o La Marcialidad Misteriosa.
九地	九地	Jiǔ Dì	Jiǔ significa 9. Dì significa Tierra o suelo. Jiǔ Dì significa Tierra 9 Earth o suelo 9. Como 9 es el número más grande de un solo dígito, Jiǔ Dì puede

---

[10] Some information extracted from http://www.zhongwen.com/

				también significar algo muy pequeño o corto.
九天	九天		Jiǔ Tiān	Jiǔ significa 9. Tiān significa Cielo. Jiǔ Tiān significa Cielo 9 Heaven y también puede significar algo muy grande o alto.
九星	九星		Jiǔ Xīng	Jiǔ significa 9. Xīng significa Estrella. Jiǔ Xīng = 9 estrellas.
天心	天心		Tiān Xīn	Tiān significa Cielo. Xīn significa Corazón. Tiān Xīn significa Corazón Celestial.
天蓬	天蓬		Tiān Péng	Tiān significa Cielo. Péng está formado de 2 Caracteres Chinos: Flor (arriba) + encontrar (逢) =蓬 (planta de hojas twiggy o promiscua). Tiān Péng también es el nombre de un mariscal celestial. En la historia del Diario de Occidente, fue enviado a la tierra después de cometer algunos errors y más tarde se convirtió en el cerdito (猪八戒 - zhū bā jiè). Tiān Péng significa Mariscal Celestial.
天任	天任		Tiān Rèn	Tiān significa Cielo. Rèn está formado por 2 Caracteres Chinos: Persona (人) + carga (壬) = persona llevando la carga. Por lo tanto, Rèn también significa llevar el correo official para server a las personas. Tiān Rèn significa Correo Celestial.
天冲	天冲		Tiān Chōng	Tiān significa Cielo. Chōng está formado de 2 Caracteres Chinos: Agua (水) + mitad (中) = diluir. También significa, fiebre, rubor, tablero, cargo o choque. Tiān Chōng significa

				Choque Celestial.
天輔	天辅		Tiān Fǔ	Tiān significa Cielo. Fǔ está formado de 2 Caracteres Chinos: Carruaje (车) + Sólo (甫) = asistir, complementar o suplementar. Tiān Fǔ significa Asistencia Celestial.
天英	天英		Tiān Yīng	Tiān significa Cielo. Yīng está formado de 2 Caracteres Chinos: Flor arriba del centro (央) = héroe. Tiān Yīng significa Héroe Celestial.
天禽	天禽		Tiān Qín	Tiān significa Cielo. Qín significa ave. Tiān Qín significa Ave Celestial
天芮	天芮		Tiān Ruì	Tiān significa Cielo. Ruì está formado de 2 Caracteres Chinos: Hierba (arriba) + adentro (內). En la antigüedad, cuando las personas enfermaban, hervían y tomaban hierbas – poniendo hierba dentro del cuerpo. Por lo tanto, Ruì significa enfermo o enfermedad. Tiān Ruì significa Enfermedad Celestial.
天柱	天柱		Tiān Zhù	Tiān significa Cielo. Zhù está formado de 2 Caracteres Chinos: Madera (木) + principal (主). Como es una madera principal, es un pilar. Tiān Zhù significa Pilar Celestial
八門	八门		Bā Mén	Bā = 8. Mén = Puerta. Bā Mén significa 8 puertas.
開門	开门		Kāi Mén	La escritura tradicional de Kāi consta de la palabra Mén (門) con el carácter (开) adentro. Es como un nivel para que abras la puerta. Por lo tanto, Kāi

			significa abrir.
休門	休门	Xiū Mén	Xiū está formado de 2 Caracteres Chinos: Personas (人) + árbol (木). Normalmente, las personas están bajo el árbol para descansar. Por lo tanto, Xiū significa descansar.
生門	生门	Shēng Mén	Shēng está formado de 2 Caracteres Chinos: Planta subiendo desde el suelo (土). Por lo tanto, Shēng significa crecimiento
傷門	伤门	Shāng Mén	Shāng está formado de 2 Caracteres Chinos: Personas (人) con Yang (昜) o exponer. Como una herida expuesta. Por lo tanto, Shāng significa herir.
杜門	杜门	Dù Mén	Dù está formado de 2 Caracteres Chinos: árbol (木) + tierra (土) = atorado. Por lo tanto, Dù significa atorado.
景門	景门	Jǐng Mén	Jǐng está formado de 2 Caracteres Chinos: El Sol (日) sobre la capital (京) = escenario. Por lo tanto, Jǐng significa escenario.
死門	死门	Sǐ Mén	Sǐ está formado de 2 Caracteres Chinos: El Mal (歹) + persona invertida = muerte. Por lo tanto, Sǐ significa muerte.
惊門	惊门	Jīng Mén	Jīng está formado de 2 Caracteres Chinos: Corazón radical + escenario = dar miedo. Por lo tanto, Jīng significa dar miedo.
甲	甲	Jiǎ	
乙	乙	Yǐ	
丙	丙	Bǐng	
丁	丁	Dīng	

戊	戊	Wù	
己	己	Jǐ	
庚	庚	Gēng	
辛	辛	Xīn	
壬	壬	Rén	
癸	癸	Guǐ	
子	子	Zi	
丑	丑	Chǒu	
寅	寅	Yín	
卯	卯	Mǎo	
辰	辰	Chén	
巳	巳	Sì	
午	午	Wǔ	
未	未	Wèi	
申	申	Shēn	
酉	酉	Yǒu	
戌	戌	Xū	
亥	亥	Hài	

Índice

60 JiaZi, 35
8 God - Bā Shén, 38
9 Palaces, 27, 41
auspicious, 46
Ba Gua, 20, 23, 25, 41
Bā Mén, 28, 42, 61, 62
bā shén, 28
Bā Shén, 38, 44
Bái Hǔ, 38
blood, 40
business transaction, 43
calamity, 41
career, 43
Chāi Bù, 20, 52
company, 43
Dun, 15, 44, 45, 46, 47, 51, 52, 54, 55, 56, 57, 58, 61, 62, 64, 67
Earth, 25, 26, 27, 40, 41, 42, 43
Earth Plate - dì pán, 41
Earthly Branches, 37, 41
Emptiness, 46, 65
examination, 40
External Pan, 48, 49
factory, 43
fengshui, 2, 12
Fire, 25, 26, 27, 43
fú yín, 38, 44
Fú Yín, 44, 59, 60, 61, 62
Heaven Plate, 39
Heaven, Earth & Man, 42
Horse, 45
inauspicious, 46
Internal Pan, 48, 49
Jiǔ Dì, 38
Jiǔ Tiān, 38
Jiǔ Xīng, 28, 39, 60
job, 43
Ju, 52, 53, 54, 55, 56
judge, 43
Kōng, 46, 47, 65
lawsuit, 41
Liù Hé, 38, 44, 58, 59, 61, 64, 67, 206
marriage, 45
martial art, 40
Metal, 27, 41, 43
profit, 43
Qí Mén Dùn Jiǎ, 20
scandal, 41
Shāng Mén, 42, 43, 44, 61, 64, 67
shop front, 43
sickness, 33
Tài Yīn, 38
teacher, 40
Téng Shé, 38
Tiān Chōng, 40
Tiān Fǔ, 39, 40, 44, 60, 61, 62, 64, 67
Tiān Péng, 40
Tiān Rèn, 40
Tiān Xīn, 39, 40, 44, 60, 61, 62, 64, 67
Tiān Zhù, 41
transportation, 43
Water, 25, 26, 27, 43
wealth, 43
Wood, 25, 27, 43
Xiū Mén, 42, 43, 44, 61, 64, 67
Xuán Wǔ, 38
Xún Shǒu, 47, 54
Yì Mǎ, 45, 67
Zhí Fú, 38, 44, 58, 59, 61, 64, 67
Zhí Rùn, 20
Zhūgě Liàng, 15, 96

www.ingramcontent.com/pod-product-compliance
Lightning Source LLC
Chambersburg PA
CBHW072237290426
44111CB00012B/2125